Francesco Gulinello

FACIES
URBAN ARCHITECTURES

Table of Contents

INTRODUCTION	**4**
1. FORMS	**10**
The facade as a theme	12
Genealogy of the facade: point of view	18
Transparency. Colin Rowe and Robert Slutzky (1971)	22
Morphology. Oswald Mathias Ungers (1975)	30
Vocabulary. Robert Krier (1988)	40
Themes. Klaus Theo Brenner (2004)	48
2. INTERPRETATIONS	**58**
Milan. A laboratory	60
Contemporary atlas	100
3. REFLECTIONS	**128**
The image of change.	130
Conversation with Vittorio Gregotti — Sarah Cuccia	
Starting from the city of Milan.	138
Conversations with Maria Vittoria Capitanucci and Orsina Simona Pierini — Matteo Sintini	
BIBLIOGRAPHY	**156**
ITALIAN TEXT	**162**

José Rafael Moneo, Town Hall, Murcia, 1991-1998

Introduction

Architecture appears. Architecture can reveal itself, in certain respects, like a face, showing gaunt and sharp features, rough and tense surfaces, planes with faint or bright colors, and elements featuring more or less recognizable rhythms and, in doing so, it conveys its character. In this sense, the facade of a building, unlike its elevation, can reveal a set of meanings, allowing it to play the role it has been assigned within the society for which it is intended.[1]

In this context, *Facies* refers to the ability of architecture to enable, by means of its outward appearance, an interaction between the space occupied by the building and the setting within which it is found. Restoring the facade to the world of meaning means shifting the role of the building from object to subject, elevating it beyond the exclusive need to meet a set of requirements.

However, architecture, to be recognized as such, shouldn't represent, signify, or symbolize something other than itself, but instead provide a process generating form that organizes and builds its own assumptions within the disciplinary autonomy. The world of forms thus refers to the wealth of architectural knowledge from which it draws nourishment and thanks to which it generates new forms. If, however, we observe the buildings that populate the streets and squares of the contemporary city, we are often confronted with silent faces or masks that sometimes appear to conceal the true "spirit" of the architecture.[2]

Introducing the Venice Biennale of Architecture in 2016, Alejandro Aravena highlighted how the main problem of the contemporary city should certainly not be identified as the presence of the muchdiscussed iconic buildings — objects that exist and will continue to exist — but rather, as the combination of two critically problematic aspects; on the one hand, the supremacy of reasoning bound to profit and insensitive to the needs of society and, on the other, the presence of a built environment characterized by mediocrity and banality. Aravena asserts that the only way out of this impasse is to "work towards quality", and the only action with which we can react is to "carry out projects that are able to tell stories".[3]

In this sense, the role of research only appears central when the questions around which it develops and the hypotheses it outlines contribute to reducing its distance from reality.
We are constantly experiencing the extension of the global horizon and, while this is one of the most important achievements of the culture of our time, we are symmetrically noticing a depletion of environmental quality and the loss of the identity of everyday places.

The aspect of the city is largely defined by the formal outcomes of laws and regulations that establish categories of surfaces to which a value is ascribed in terms of fees. This is a quantitative logic that significantly exacerbates the proliferation of distributive and

formal solutions that tend to maximize profit to the allowed limits and beyond. In this context, a project's efficiency is measured in terms of profit and solutions are oriented to the maximum exploitation of building potential.
In an age in which everything is available anywhere in real time, in which we are victims of a deafening visual noise occupying every space, there is an urgency to firstly restore our ability to distinguish. In this sense, too, research could contribute to steering the actions of those who take part in decision-making processes towards a qualitative perspective.

The extent to which architectural culture is relegated to a marginal role in our social context is made apparent by the distance that separates it from the common logic of the market. Only when theoretical investigations and operational processes find actual usefulness on the practical terrain will it be possible to continue to accredit a role to the discipline.

For these processes to actually be useful, the development idea on which they are based must inevitably waive the exclusiveness of its relationship with quantitative and economic aspects to accommodate the ability to understand things and their contexts from a perspective based on qualitative principles. Overcoming the temptation to perceive architecture as an artistic, self-referencing, and overbearing form of self-expression, legitimizing spectacularity and transgression as normal practice, but also moving beyond cold technology and the attempt to identify objective solutions using scientific tools[4], the planning process cannot fail to establish itself as a matter of choices entailing decisions and transformations.

If planning essentially means "choosing", knowledge is the basis of any qualitative resolution: it isn't possible to choose without knowing. In order for our choice to be free from the unwitting influence of fashions, however, it cannot be understood as "freedom from forms" but, rather, as "freedom of choice in a qualitative environment".[5]

This publication aims to position itself along this vein, as the result of an investigation into the architecture of the facade, which raises a number of questions about the role of planning in the contemporary city. It intends to provide a request or invitation to raise our gaze beyond the daily horizon line, forcing ourselves to focus on several details and penetrate the appearance of the surface without proposing definite formulas or immediate answers.

The buildings that populate the city often conceal indiscernible contents beyond the mask through which they relate to the public space, perhaps due to distraction, disinterest, or even inability, as though the relationship between object and subject were broken, and with it a series of meanings lost, isolating the face of the architecture in a silence that intensifies the steadiness of its image. The study seeks to turn its attention on these contents, using the tool of representation, and specifically, the model, to investigate a series of case studies extrapolated from the contemporary realm, revealing the worlds of forms that populate them, that is, experiencing what Magritte defined as "cognitive exploration of reality", and finding fragments of that same world within a series of facades that belong to a different temporal and spatial context — Milan in the Fifties and Sixties.

The shifting of images provides the gaze with fresh ways of reading, using tools that make access, discussion, and comparison possible. The homogeneity of representation materials and techniques also cancels out differences to highlight potential formal relationships, analogies, and principles that dwell at the foundation of any compositional structure. The series of models representing the facades being studied thus acquires its own value from the ensemble it builds.

As Picasso loved to point out, "the most significant element in creation does not consist of a single work or the sum of all works, but the process of fluctuation and continuous transformation provided by the sequence of attempts".[6] Perhaps, in this sense, we could recognize the experiences of a group of Milanese architects as a sort of choral work, seizing reconstruction as an opportunity to redefine the face of the city through specific interventions and building, in that instance, architecture not just of extraordinary quality and topicality, but also featuring a certain "familiarity" with some of the formal repertoires recurring in the experiences of contemporary international architecture.

---

1. "A facade for Rowe differs from an elevation in that the former shows what he defines as the character — the symbolic and iconic meanings, such as secular or religious, or public or private, which are not contained in an elevation". In Peter Eisenman, *Giuseppe Terragni: trasformazioni, scomposizioni, critiche* [English edition - *Giuseppe Terragni: Transformations, Decompositions, Critiques*], Quodlibet, Macerata 2004, p. 33.

2. Cf. Maurizio Vitta, *Dell'abitare. Corpi spazi oggetti immagini*, Einaudi, Turin 2008, pp. 136-144.

3. Michele Roda, *Biennale 2016: è finita l'epoca delle archistar*, "Il giornale dell'Architettura", 26th May 2016 (http://ilgiornaledellarchitettura.com/web/2016/05/26/ biennale-2016-e-finita-lep-oca-delle-archistar/).

4. Cf. Federico Bilò, *Ordinario è il contrario di straordinario. Ipotesi di lavoro*, "Ordinariness - PPC Piano Progetto Città", vol. 29-30, List ed. Trento 2015.

5. As Christian Norberg-Schulz affirms, "In order for freedom to be effective, it must be understood as 'freedom of choice in a qualitative environment', a condition that meets with limitations in any society. Generally, we tend to consider freedom as "freedom from forms". Modern man retains all forms of restrictions in the fields of human relationships, clothing, language, art or religion. Even artists fall victim to the same misunderstanding. Instead of cooperating to build a meaningful world common to all, nowadays they love to define their goals as "self-expression". Any expression only really becomes interesting when it transcends the person expressing it". Christian Norberg-Schulz, *Significato in architettura*, in *Il mondo dell'architettura. Saggi scelti* [English edition — *Architecture: meaning and place: selected essays*], Electa, Milan 1986, p. 22.

6. Rudolf Arnheim, *Guernica, genesi di un dipinto* [English edition — *The Genesis of a Painting*], Feltrinelli, Milan 1964, p. 22.

01

Forms

Diener & Diener Architekten with Helmut Federle and Gerold Wiederin, Novartis Campus Forum 3, Basel, 2003-2009

The facade as a theme

In the Twentieth century, the need to indulge the requirements expressed by modern society, tied to a series of changes of a technical and social nature, led to the experimentation of new languages, in an attempt to express the *Zeitgeist*, the spirit of the age. The natural opposition to a purely academic approach, the rejection of stylistic conditioning, the need to conceive of architecture based on abstract and universal principles and on an alleged scientific objectivity, would soon lead to relegating form to a purely technical role, constraining any possible further reflection within the form-function binomial, in a continuous fluctuation between the two terms.[1]

Functionalism and rationalism are thus two viewpoints that have inevitably had to be addressed in a reflection on the issue of form in the context of modern architecture. Beginning from the assumption that, through a project, the functionalist seeks the most suitable response to a specific requirement and the rationalist, on the other hand, attempts to respond to the largest possible number of objectives, Adolf Behne recognized a tendency for mimicry in the former and, on the contrary, a sort of openness towards playfulness and form in the latter. Nevertheless, according to the German critic, not only does the issue of form appear central in this context, but the rationalist's partiality towards it also encompasses a very clear explanation: "Form, in fact, appears when human relationships are established; an isolated individual, alone in the midst of nature, has no issue with form. The issue of form arises with the association of multiple individuals, as form is the condition that makes coexistence possible. Form is, *par excellence*, a social matter".[2]

While the bond between form and society can appear easy to grasp, however, we cannot say the same thing about the roles they reciprocally take on within an evolutionary perspective. According to Françoise Choay, "all creators of real utopias have attributed an anthropogenetic function to a spatial organization method".[3] The spatial device thus plays a primary role in the social structure and, as Alberti himself foresaw, society does not define the organization of space; rather, the organization of space defines a social structure.

The interpretation proposed in the 1970s by Alan Colquhoun shifted the crux of the debate the protagonists of the International Style were engaged in from the theme of the alleged opposition between form and function — which was tied to the idea that architectural forms are the result of a natural expression — to a dialectic between form and figure, giving form a figurative dimension. In this way, the reflection is transferred to the terrain of meanings and, again, the cultural value that the used terms take on. While form is defined as "a configuration that can either be endowed with natural meaning or completely lack meaning", the term figure designates "a configuration whose meaning is given by culture and is ultimately deemed to be, or not be, based on nature".[4]

In Colquhoun's view, the re-emergence of interest in forms of the past through the recycling of stylistic references that appeared in some international expressions of architecture as early as the 1970s thus bears witness to the need to give architecture a figurative expression, or rather "to reintroduce the concept of figure in architecture, and to see architectural configurations as already impregnated with a set of cultural meanings".[5]

The need to transfer contents to a form and avoid the abstract schematics often produced in the quest for the new through the introduction of decorative devices originating from the vocabulary of classical architecture gave apparent legitimacy to the arbitrary extravagance of project proposals.[6]
This was the beginning of the postmodern season, which would enable, if nothing else, albeit for a limited time, a dialogue between the so-called "high" culture and common taste through the casual revival of historic decorative features that would accompany architectural experiments for a long time.[7]

Postmodern eclecticism proposed a revival of the languages of the past which, in Vittorio Gregotti's view, supported the aesthetic canons suggested to artists by the financial system. Thus, 'in our time, the tendency towards the "new necessary" for the establishment of the work has frequently been replaced by the commercial "novelty", which categorizes the recognisability of the architectural image as a product (an inappropriate category for architecture as an artistic practice), where the design research is wholly focused on temporary and relentless diversity, extravagance, and beliefs disseminated by communication".[8]

However, the preferential feature enabling the recognizability of the contemporary architectural image and the main vehicle for the dissemination of extravagance and beliefs is the contact surface between the architecture and the urban space, that is, the facade — the outer shell of the building.

The facade is where the architectural object is publically displayed, the point of mediation with the collective space, and the interpreter of a relationship that aims to give urban dignity back to the place it inhabits. The facade, however, can only reveal "the entirety of its outward appearance from a distance... The further we move away from it, the more we perceive it as pure architecture, as a monument... In some ways, it is precisely this distance that assigns the architecture to the future, to history, and to posterity, ensuring its unchanged permanence over time".[9]

By virtue of this very role and its exceptional ability to communicate, the tendency to stand out that often emerges from contemporary architecture experiments finds the facade to be a natural medium to express spectacularity, exceptionality, and a theatrical virtuosity that has little to do with issues regarding the form of the building and its meanings.

1. Cf. Francesco Gulinello, *Figurazioni dell'involucro architettonico*, Alinea editrice, Florence 2010, pp. 23-27.

2. Adolf Behne, *Der Moderne Zweckbau* [English edition: *The Modern Functional Building*], Drei Masken, Munchen 1926.

3. Federico Bilò, *Ordinario è il contrario di straordinario. Ipotesi di lavoro*, "Ordinariness - PPC Piano Progetto Città", vol. 29-30, List ed. Trento 2015.

4. Alan Colquhoun, *Form and Figure*, "Oppositions", no. 12, 1978, pp. 28-37.

5. Idem.

6. "Until the Renaissance, it was common practice in new works to repeat long excerpts taken from previous works without thinking at all about what we would today call plagiarism. Architecture is the only art in which this is still possible. At least in part, the purpose of functionalism was to try to drive out those persistent forms whose expressive functions and semantics depended on the repetition of earlier forms. In this sense, functionalism was an alibi for a system of forms that had to be free from stylistic influences. The 'meaning' of a building could now be transferred from its form to its content, leaving form astray, free to develop its own immanent meanings." In Alan Colquhoun, *Conflitti ideologici del moderno*, "Casabella", no. 520-521, January-February 1986.

7. Cf. Giancarlo Carnevale, *Realismo tragico*, in *A regola d'arte*, Officina ed., Rome 2006 pp. 169-177.

8. Vittorito Gregotti, *Il possibile necessario*, Bompiani, Milan 2014, p. 52.

9. Maurizio Vitta, *Dell'abitare*, Einaudi editore, Turin 2008, pp. 139-140.

David Chipperfield Architects, Residential building Villaverde, Madrid, 2000-2005

Genealogy of the facade: point of view

We all know that our point of view defines our view of reality. Regarding this, José Ortega y Gasset wrote: "take any one thing and apply different evaluation systems to it and you will obtain many different things instead of just one."[1]
Naturally, this observation is also valid if we extend it to an analysis of the architectural object and, specifically, considering that it is the topic of interest of this study, to an analysis of a facade.

This premise leads us to take into consideration a number of different ways to approach, read and interpret the facade, convinced that what makes a particular point of view interesting is also its ability to be compared with the multiplicity of possible views and the richness of the various reflections involved.

In particular, it seems interesting to establish a comparison between the approach suggested by Colin Rowe and Robert Slutsky, based on a reading of the formal/perceptual structure, the morphological/typological method proposed by Mathias Ungers, the definition of a vocabulary of elements by Robert Krier, and the thematic reading of the urban terraced house by Theo Brenner.

The different orientations of these studies also lead to very different results and cannot be considered outside of the different temporal and cultural contexts within which they are found. What remains of great interest are the methodologies on which they are based and the relationships between architecture, city, and society that they highlight.

---

1. José Ortega y Gasset, *Adamo nel paradiso,* in *Le meditazioni del Chisciotte* [English edition: *Meditations on Quixote]*, Guida editori, Naples 1986, p. 207.

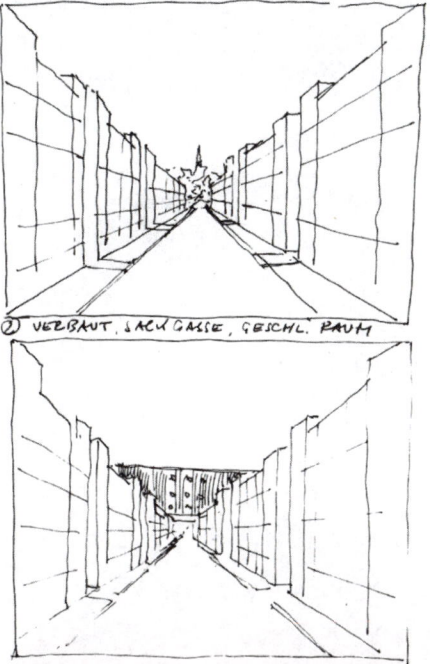

Oswald Mathias Ungers | Morphologie der strasse

Michelangelo, San Lorenzo in Florence, facade model

Trasparency
Colin Rowe and Robert Slutzky (1971)

The analysis by Colin Rowe and Robert Slutzky of the facade of Michelangelo's Basilica di San Lorenzo accompanies their second article on transparency, *Transparency: Literal and Phenomenal, Part II*, published in "Perspecta" magazine in 1971.[1]
The two contributions give an interpretation of modern architectural space developed in light of topics drawn from Cubist painting and from the psychology of perception.[2] In the authors' view, transparency, far from simply being considered a condition of non-opacity, is actually a spatial configuration tool.

While in their first text, Rowe and Slutzky argue, among other things, a distinction between the literal transparency of deep and naturalistic space and the phenomenal transparency of the abstract and shallow space, their second text focuses on the value that these spatial methods acquire in Renaissance facades, establishing a comparison between the facade of San Lorenzo and the incomplete work *Victory Boogie-Woogie* by Piet Mondrian. The analysis, carried out on the two-dimensional plane, favors a reading of the planes by developing a phenomenal-type interpretation, by virtue of which "whoever cho w cross shapes, T's and U's which the composition may be said to spill over in a manner similar to San Lorenzo".

According to Rowe and Slutzky's interpretation, San Lorenzo and *Victory Boogie-Woogie* show considerable dissimilarities, both at a formal and content level, but "in both painting and facade there might be noticed a tendency of the different elements to build, to coordinate themselves, to amalgamate by means of proximity or common contour into larger configurations".[3]

The image of the wooden model of the facade of San Lorenzo particularly lends itself to clarifying the reflections made by the authors on the perception of the spatial articulation in the composition of a facade.

The wall surface modeled in low relief reveals the structural organization of the vertical columns and pilasters, between which sequences of architraves and a central pediment overlap horizontally. So much is obvious, as the authors write, but if we carefully observe these elements, we will begin to notice the transpositions that the organization of the compositional structure suggests. This will allow our eyes to literally travel between the spatial partitions we can identify in the composition of the facade. We soon realize, however, that the reading of these spatial intervals is enriched with solutions as our visual investigation progresses.

The sequence of columns or pilasters alternates, contributing to the perception of a grid and defining three large spatial intervals emphasized by the presence of the pediment, but if we visually identify the pairs of columns and pilasters as separate elements, we no longer see the facade as having a tripartite division, but rather, a quadripartite division.

It seems clear how extensive the inventory of manifold interrelationships identified between the figures of the facade can be and how this interpretation appears substantially arbitrary to the authors. This leads them not to choose a personal interpretation, but rather, to highlight some fluctuations between the figures that appear most evident (for example, H or T shapes, cruciform figures or parallel axes, etc.).

---

1. Colin Rowe, Robert Slutzky, *Transparency: Literal and Phenomenal. Part II*, "Perspecta", no. 13-14, 1971.
2. Cfr. Francesco Gulinello, *Figurazioni dell'involucro architettonico*, Alinea, Florence 2010.
3. Ibidem.

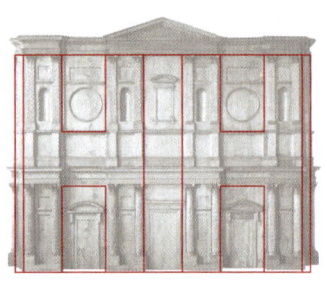 

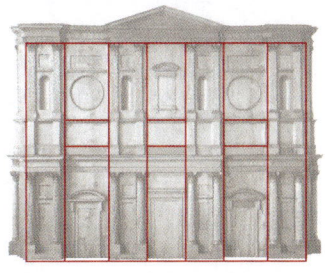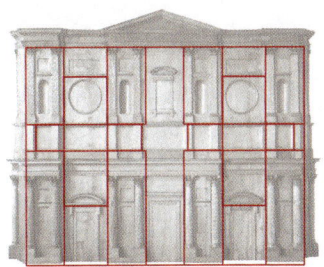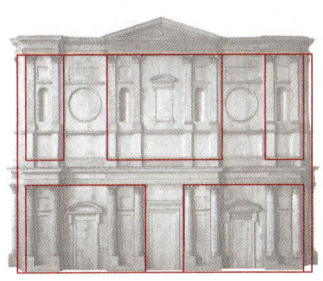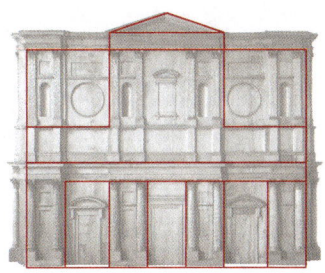

Forms 27

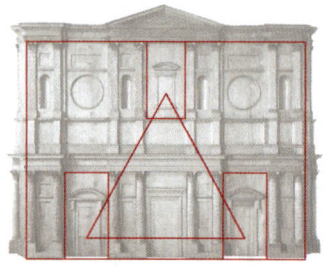

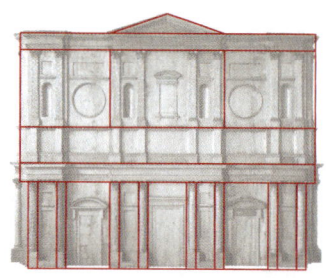
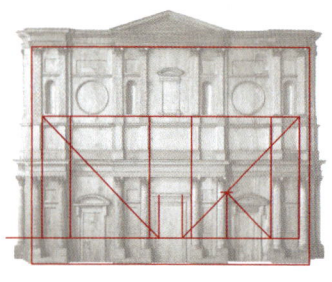

FACIES

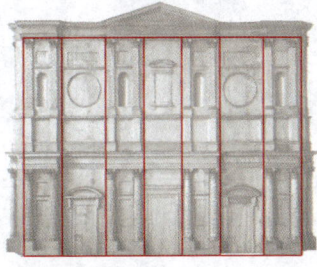

Michelangelo, San Lorenzo in Florence, facade analysis.

Graphics developed by the author based on the analysis by Colin Rowe and Robert Slutzky.

C. Rowe, R. Slutzky (1971). *Transparency: Literal and Phenomenal Part II,* "Perspecta", no, 13-14, pp. 316-323.

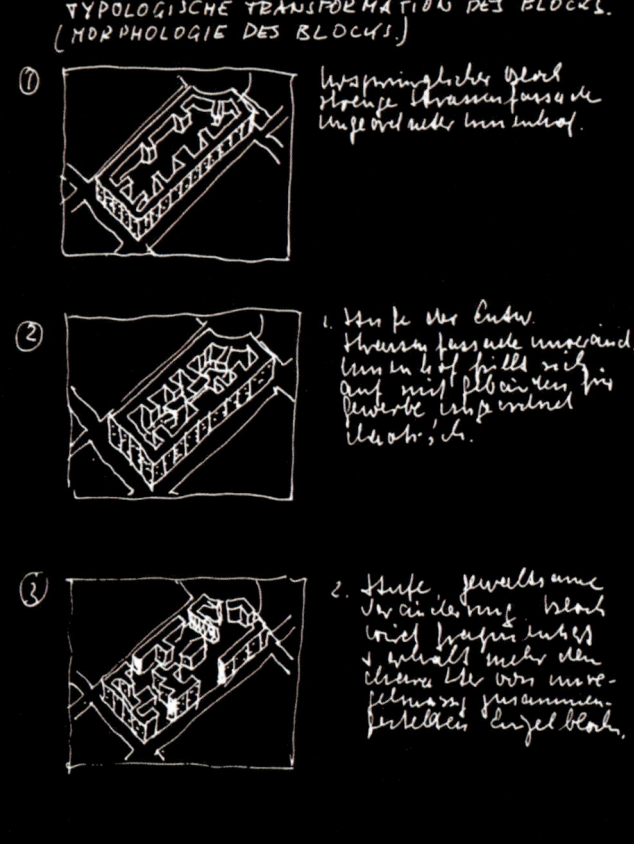

Oswald Mathias Ungers | Morphologie des blocks

Morphology
Oswald Mathias Ungers (1975)

In the fall of 1975 (29/9 – 3/10), IDZ (International Design Center Berlin) promoted the symposium entitled "Berlin - Alt und Neu / On the integration of modern architecture into old structures"[1], dedicated to developing a series of project proposals as alternatives to the existing plan for the redevelopment of the southern Landwehr Canal area in Kreuzberg, Berlin.[2]
The five guest architects, Gottfried Böhm, Vittorio Gregotti, Charles Willard Moore, Alison Peter Smithson and Oswald Mathias Ungers, developed projects as part of a design laboratory entitled "Urban structure - shape of the city" organized in 1976. Following the work, their projects were displayed to the public.

The case of Berlin provides an exemplary condition for a theoretical reflection on aspects regarding the integration of new buildings into the fabric of the historic city. There was a need to preserve the specific qualities of the urban space, which depended on the architecture delimiting it, and from which it acquired definition, but the formal system could not replicate a system of past forms — it

had to inevitably declare an affinity with its own time. The issue lay in defining the urban facade, which in some ways acquired an autonomous condition so that a specific theme of investigation could be defined.
Sharing the same workspace certainly encouraged discussion and some shared starting points. The issue of space inside the city block, for example, was examined by all the architects. It appeared natural to share the idea of emptying most of the lot but it was also necessary to consider what could be salvaged inside it to obtain a versatile space for social sharing. Similarly, everyone agreed with Norberg-Schulz's view that the facade should not be treated separately and that it was necessary to take into account what was in front of it, the facade itself, and what was behind it. Various solutions would be identified, however, regarding the method of applying rules or specific formal solutions.

In Vittorio Gregotti's work, we can catch a glimpse of his search for a result through a general investigation, with reflections that questioned the ways of preserving historic urban areas and the grounds on which they were based, to then explain the details of a formal investigation using aphorisms. In Gottried Böhm and Charles Moore's view, the operation is almost reversed: the investigation of existing historic facades leads directly to the development of formal detail. Alison Smithson chose to present "a metaphor to link the old system to the new one", introducing the Roman aqueduct, which she uses as a citation to allow her to investigate various possible relationships between the past, the existing, and the project.

Mathias Ungers placed himself in a position to develop a method by trying to identify an overlying system to analyze the morphological and typological features and deduce a vocabulary. Starting from a simple system and moving towards an increasingly complex one, he investigates the various possibilities that are defined with each specific condition.
Ungers firstly investigates the morphology of the city block,

exploring the various phases of its evolution, from its original condition to the gradual saturation of the internal space or, on the contrary, its emptying with the introduction of a park, to then explore a series of morphological changes. Finally, he considers the complete fragmentation of the block itself, with its dissolution and replacement by independent buildings of a very individual nature — constructions very closely linked to the detached villa model.

With rigorous method, he explores several morphological repertoires of facades, starting from very simple compositional structures, articulated by the wall-opening relationship, covering the various possible processes of change (enlargement or shrinkage of openings, regular subdivision or irregular distribution), and identifying principles of combining the features, which are structured, for example, according to partitions, grids or hierarchical arrangements. Finally, he explores historical citations with features made particularly evident in the facade by distorted dimensions; in this way, friezes, modillions or magnified columns become balconies or lifts in the facade.

Corresponding to a very meticulous and accurate analysis is a rich exploration of the various combinatory solutions arising as potential options. The choice is determined by a methodological process bound on the one hand to classical tradition, and on the other to the introduction of formal repertoires defined as "historical citations". Tectonic characteristics, formal hierarchies, axiality, and symmetry highlight an extremely rational precision, juxtaposed with abnormally enlarged features, whose goal is simply to attract the viewer's attention.

---

1. Berlin - Alt und Neu, Zur Integration moderner Architektur in Altbaustrukturen - 3. Symposion des IDZ Berlin 29. 9. - 3.10.1975. With Gottfried Böhm, Vittorio Gregotti, Charles Willard Moore, Alison Peter Smithson, Oswald Mathias Ungers, André Corboz, Christian Norberg-Schulz, Paolo Portoghesi, Helmut Engel, Heinrich Klotz.
2. Cf. François Burkhardt, *Forward*, "Lotus", no. 13 December 1976, p. 25 and *Note* by Martina Schneider.

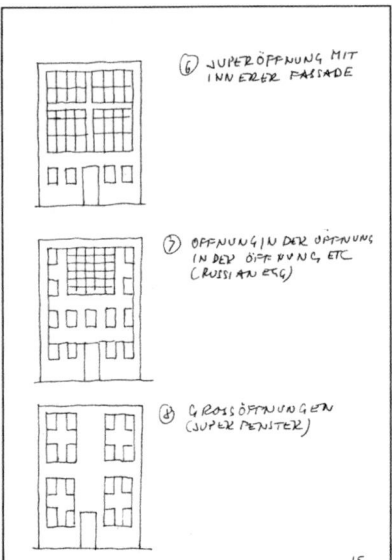 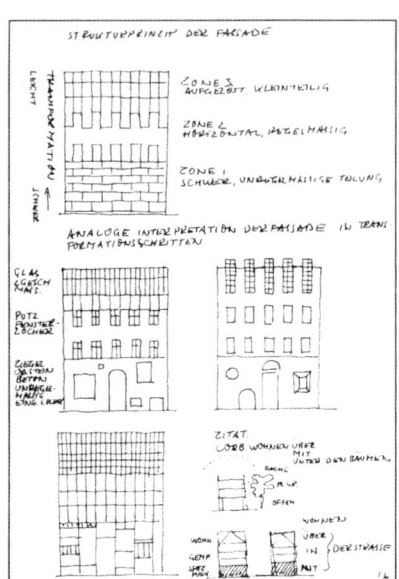

6) Gigantic opening with inner facade.
7) Opening in an opening (Russian doll).
8) Gigantic opening.

Structural principle of the facade

Transformation steps

Zone 3: decomposed, cellular

Zone 2: horizontal, regular

Zone 1: heavy, irregular subdivision

Similar interpretation of the facade in gradual transformation steps

(Zone 3) glass 2-storey maisonette

(Zone 2) plaster window holes

(Zone 1) earthenware or stone, irregular concrete, entrance holes

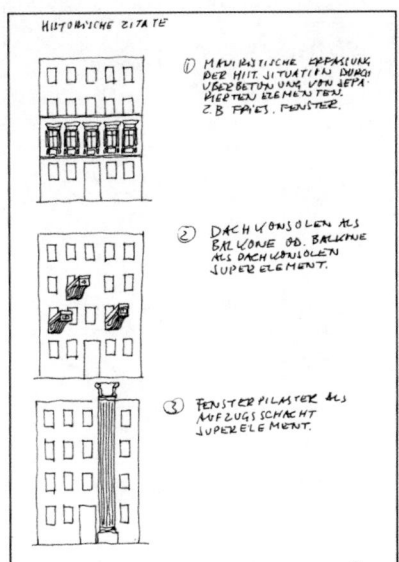 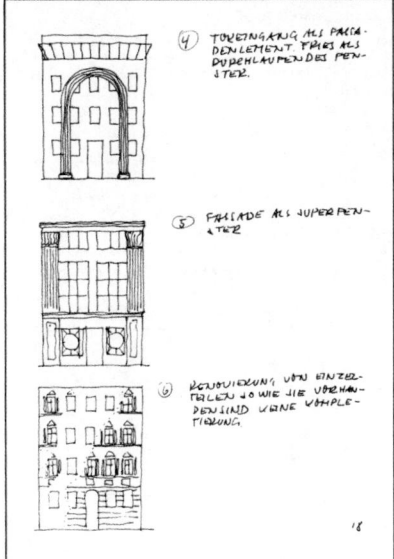

Historical citations

1) Modillions used as balconies.

2) Magnified feature.

3) Gigantic pillar to hide the elevator compartment; magnified feature.

4) Portal employed as a facade feature, frieze employed as a continuous window.

5) Facade = gigantic window.

6) Renovation of the existing parts, non-completion.

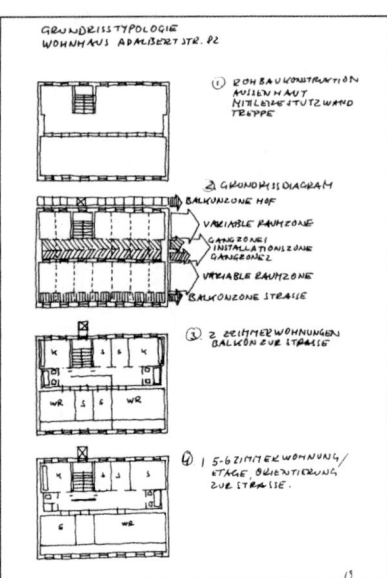 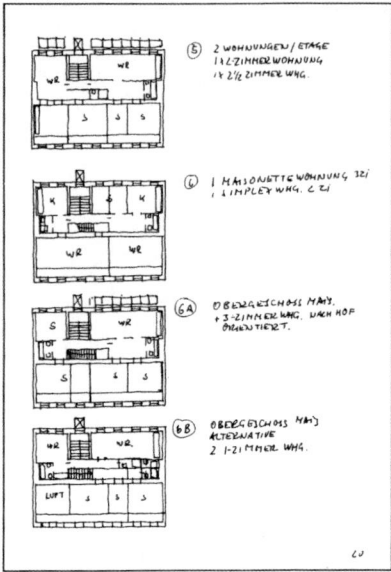

Type of dwelling floor plan - Adalbertstrasse 82

1) Construction of the frame: outer shell, central supporting wall.

2) Short balconies, variable space, passage 1, systems area, passage 2, variable space, balconies overlooking the street.

3) 2-room dwellings, balcony towards the street

4) 1 5/6-room dwelling on a single floor, oriented towards the street.

5) 2 dwellings per floor,

1 with 2 rooms,

1 with 2 1/2 rooms.

6) 1 maisonette, 3 rooms,

1 single 2-room dwelling.

6a) Maisonette penthouse and 3-room dwelling facing the courtyard

6b) Maisonette penthouse alternative

2 single-room dwellings.

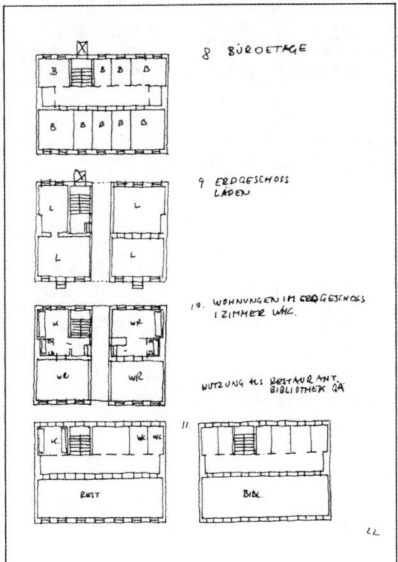 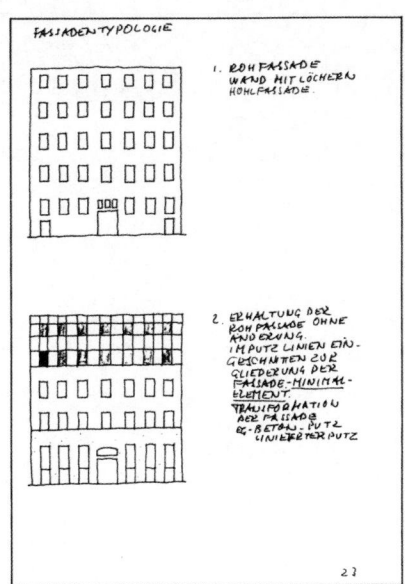

Type of facade

8) Office floor.
9) Ground floor, shops.
10) Ground floor, single-room dwellings.
11) Use as restaurant, library or similar.

1) Simple facade, wall with holes, empty facade.

2) Conservation of the basic facade without any change, only lines engraved into the plaster pronounce it a minimal element, transformation of the ground floor facade cement-plaster streaked plaster.

Forms

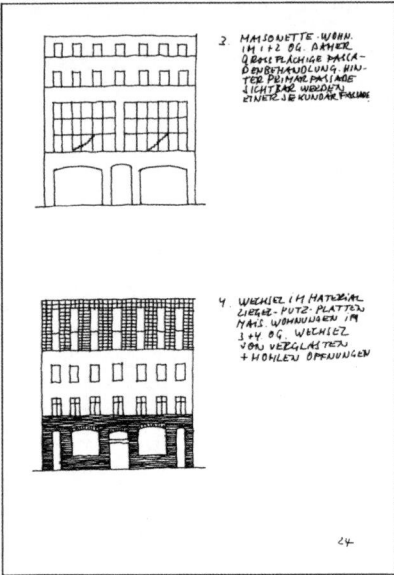

3) Maisonette dwellings on the first and second upper floors. Thus treatment of large surfaces of the facade. Behind the primary facade, a secondary facade shows through.

4) A variety of materials terracotta-plaster-tiles maisonette on the 3rd and 4th floor alternation of openings enclosed with glass and empty openings.

5) Addition of the historical frieze on the first floor, here potentially public service function (restaurant) 2 floors with attics.

6) Manneristic facade maisonette on the second and third floor (facade in the facade) modillions functioning as balconies on the first floor.

The facade naturally depends, also and above all, on the function. The variations are infinite, but always rigorous, in harmony with the Prussian spirit.

(Prussia's Glory)

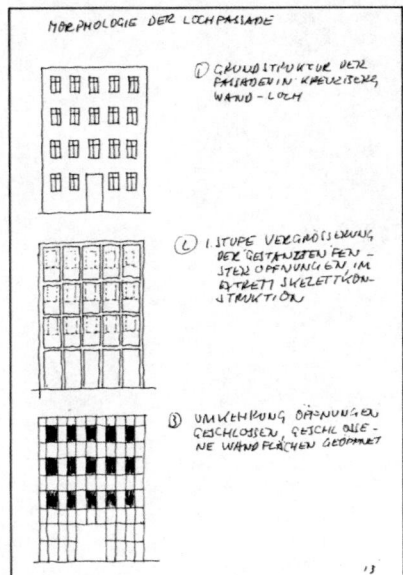 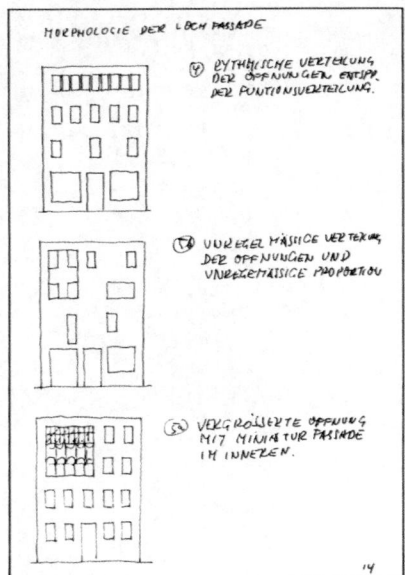

Morphology of the facade with holes

1) Basic structure of the Kreuzberg facades, wall/hole.

2) Enlargement of the openings through a skeleton structure framing them.

3) Vice versa: closed openings, open masonry surfaces.

4) Rhythmic subdivision of the openings in accordance with the functional subdivision.

5a) Irregular distribution of the openings and irregularity of proportions.

5b) Enlarged opening with miniature facade inside.

Robert Krier | Elements of architecture

Vocabulary
Robert Krier (1988)

In 1988, Robert Krier published the book *Architectural Composition*. This unique work is a theoretical and visual analysis in which the author's creative process is illustrated in detail, investigating the topological relationships between features and the methodological processes of composition. Using the powerful tool of the example, and enriching it with a large number of detailed drawings and sketches, Krier presents a proposal that is theoretical and pragmatic at the same time, based on his own experience and observations of architectural practice.

This position was in stark contrast with abstract theories based on architectural writing, which were still very present in those years. The important outcome of a lengthy research experience, the book provides a veritable operational reference for students and architects.
According to Krier, "The facade is still the most essential architectural element capable of communicating the function and significance of a building. I say 'still', having in mind its theoretical

destruction proclaimed in the Twentieth century where the ideology of the freestanding object, visible from all sides, became predominant. The perfection of the building body had priority over the creation of a specific 'show-side' facing the street. It is only in recent years, after the rediscovery of the importance of the public realm and the value of urban life, that the facade regained a new valuation".[1]

The architect's reflection shows how it is possible to obtain an infinite case study of spaces by adding or interpenetrating elementary shapes (square, rectangle, circle, octagon...). These apparently simplistic observations actually form the basis of any design action and lead to the definition of spaces that are not the result of a simple compositional game but have precise characteristics and provide completely different atmospheres depending on the design choices made by the architect. A firm believer that the only way to establish a relationship with the context is by sharing the characteristics of the traditional city, in Krier's view, the project must tackle the context of the neighboring historic facades so as to build a relationship between old and new based on dialogue.[2]

The facade is composed of single elements, each of which has peculiar characteristics and its own expressive capability: "The elements base, window, roof etc., which by their nature are different things, will also therefore be different in their forms, colours and materials. All these parts should remain recognisable individually, although the common language binding them to the whole has also to be found."[3]

Analysing compositional processes and methods, the text develops a detailed investigation into the specific characteristics and properties of the individual architectural elements, windows, doors, staircases, floors, ceilings, columns, entrances and portals, balconies, and roofs, and integrates them according to a system of relations bound to the classical tradition of proportional relationships and aimed at achieving harmonious beauty.

Krier distinguishes between topological relationships, making explicit reference to Christian Norberg-Schulz, in which the elements appear bound by principles of proximity, superimposition, interpenetration etc., and simple geometric relationships, such as parallelism or perpendicularity, for example. The use of architectural examples aims to show how the articulation of certain relationships between elements within a project allows the hierarchies of those spatial elements to be expressed.

To test the application of these principles, the text goes so far as to define each "typical" solution, almost providing a catalogue of pre-defined possibilities, but the use of a defined formal vocabulary, and of a given syntax naturally leads to the reproduction of architectural formulas, placing strict limits on interpretation and steering reproductive-type action.

1. Robert Krier, *Architectural Composition*, Academy Edition, London 1988, p. 122.
2. Ivi, p.123.
3. Ibid.

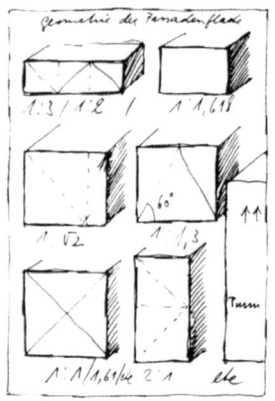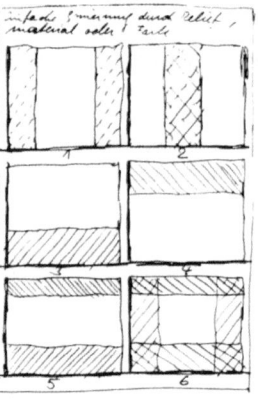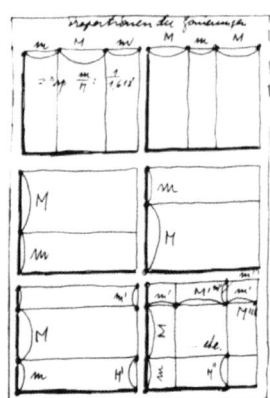
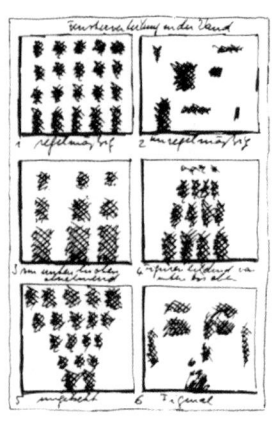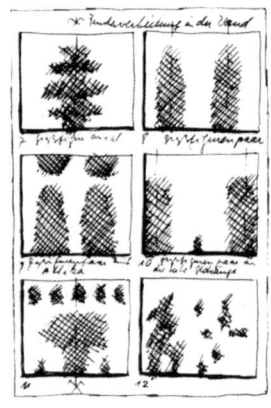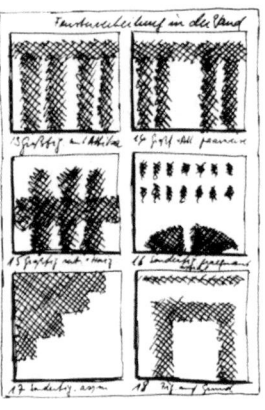
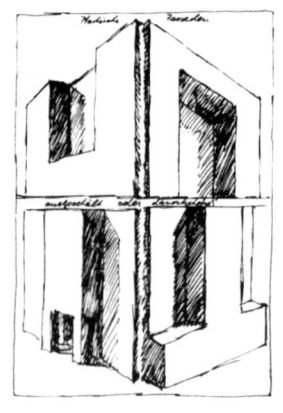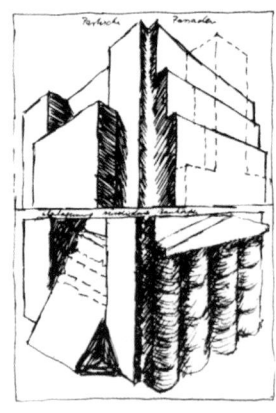

FACIES

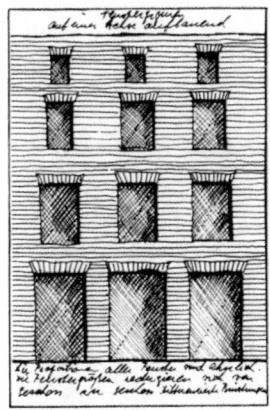 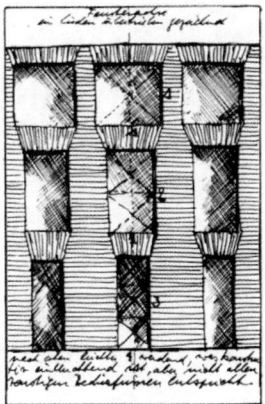 
  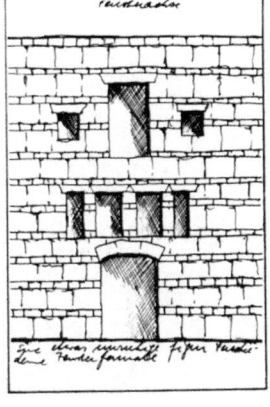

Forms

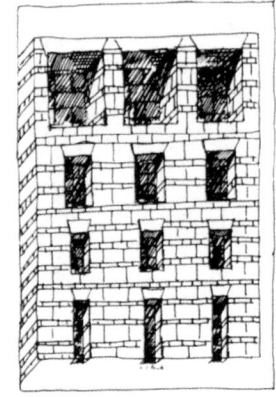 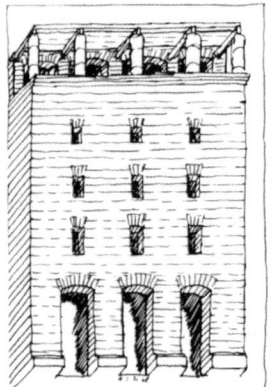 
 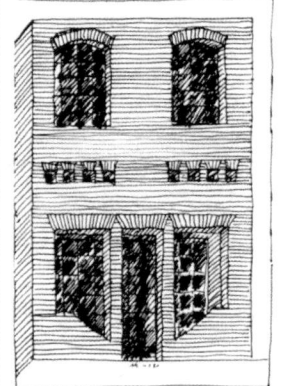 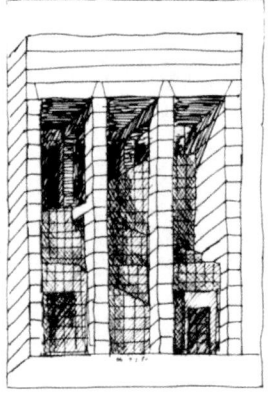
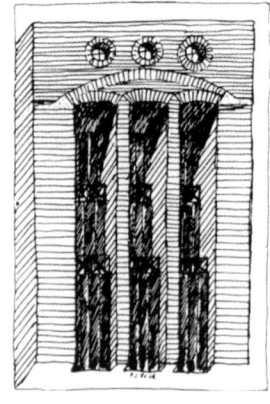 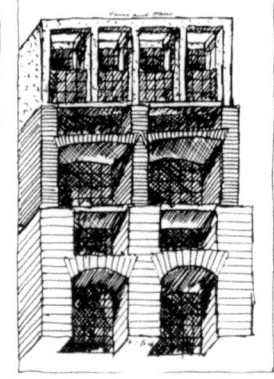 

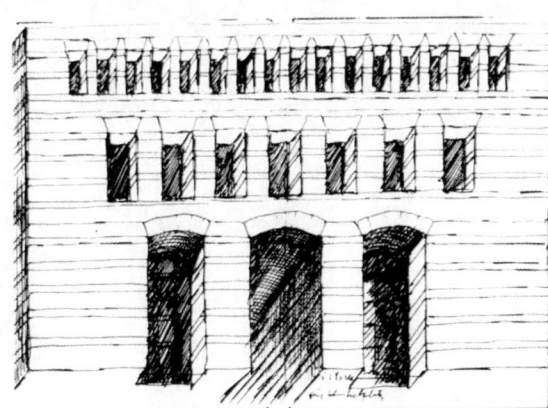

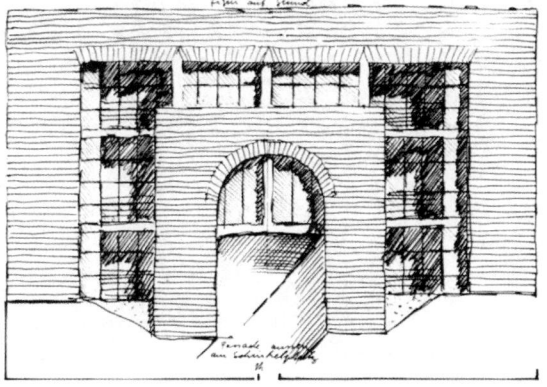

Forms

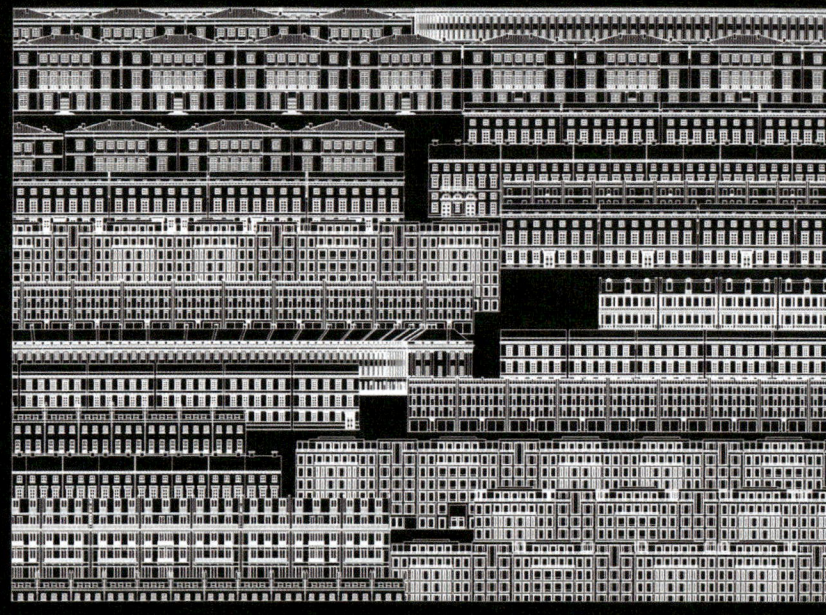

Klaus Theo Brenner, Helmut Geisert | Classic order

Themes
Klaus Theo Brenner
(2004)

In *Das städtische Reihenhaus, Geschichte und Typologie*[1], Klaus Theo Brenner and Helmut Geisert outline a history of the types of urban terraced houses.
The work arose from a precise question regarding the existence of a prototype for the facade of the urban terraced house.
In the author's view, the facade in this urban model acquires two extreme conditions as a result of the different internal-external relationship: the first of maximum permeability of parts and minimal materialization, and the second of masking the building.

The categories to which the possible facade variations are restricted are thus the "membrane" and the "mask"; while with the former, we identify the dematerialization of the facade, the latter refers to the materialization that decorative devices bring to the surface of the facade. Between these two extremes is the set of possible materials (glass, metal, stone or cement) and construction systems that can be used. In turn, the mask is subjected to two possible variations: as the revealer of formal tectonic characteristics or as an expressive system of symbolic or language values.

The graphics accompanying the text create a sort of "historical overview" of the urban facades of terraced houses. Sorted historically, they can be interpreted as representing various historical eras but also as a tool to reveal a given project philosophy defining the formal aspects of the facades.

The trail of European architectural culture covers over 2000 years of history, with a very wide range of solutions forming a wealth of knowledge and a useful solid reference, even in the development of contemporary solutions and interpretations. An understanding of history reinforces our assessment tools, which are too often limited to the development of questions based on a purely graphic approach, not only due to the proliferation of architectural dematerialization but also to the contribution of computer-generated graphics, which clearly influence methodological processes in the composition of facades.

The reconstruction outlines a narrative of the facade starting from the initial wall — a simple wall placed in front of the road — silent and mute to the change in relationship that the building establishes with the public space it overlooks. With the growing value of the public space, the facade progressively opened up, increasing flows and facilitating commercial relations on the lower floors.

The introduction of porticos contributed to restoring the regularity of the urban landscape, otherwise jeopardized by the chaotic variety of openings lining the street. From the model of the Greek home onwards, with the growing importance of the public road space and the subsequent placement of business premises on the ground floor, permanence was consolidated in the culture of the urban terraced house in all its historic evolutions.

The examples correspond to the criteria developed in the typical form of the time, but also to the relative concept of home, city, and road, distinguishing the classical order whose roots were grounded in the old house model, the modern in contrast with the setting, the picturesque with its strong symbolical value, the variations of style generated from the classical model, mass housing as pure summation of a type, the small town that regains its relationship with the urban space, the gabled house as an autonomous individual in the urban line up, and the postmodern city, where individuality is celebrated and the chaos of images reigns.

The final summary advocates how useful classification is in reflection and to the project, testing, through the analysis of several significant contemporary examples, the possible variations of the relationship between uniformity and individuality, and identifying the most promising option for the future city in a dialectic balance between the two extremes.

---

1. Klaus Theo Brenner, Helmut Geisert, *Das städtische Reihenhaus, Geschichte und Typologie*, Karl Krämer Verlag, Stuttgart 2004.

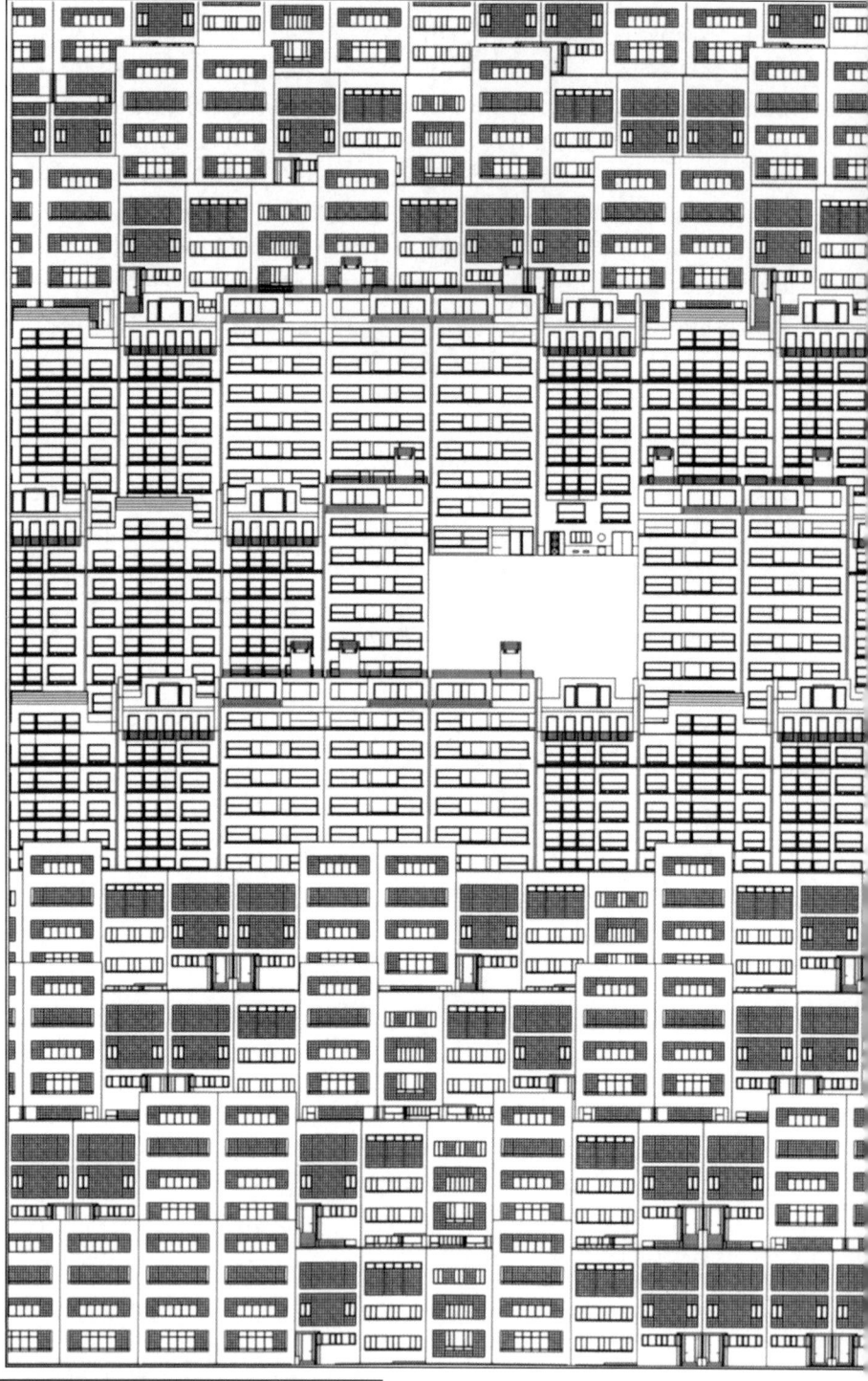

The obstinacy of the Modern

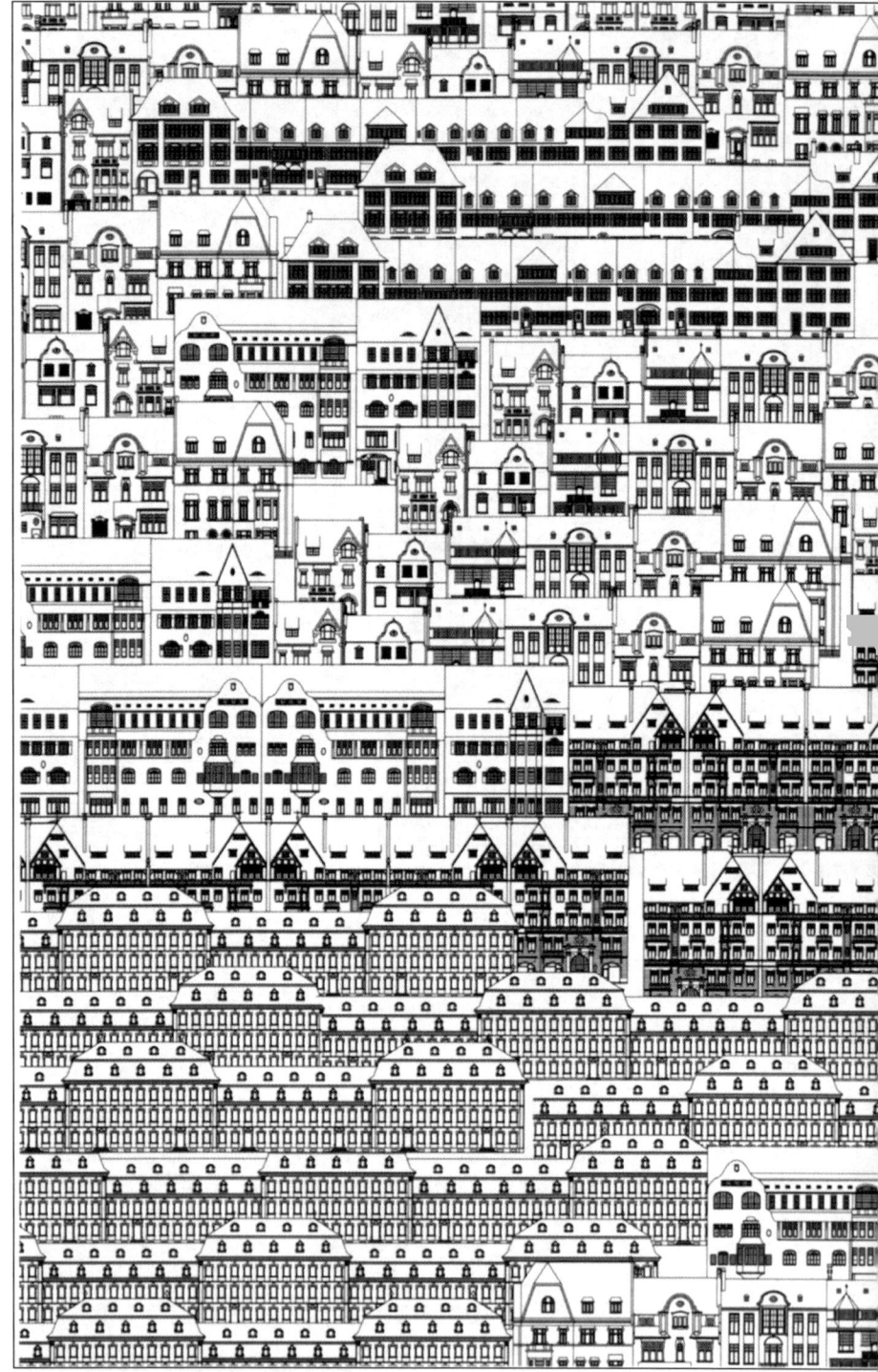

The picturesque style

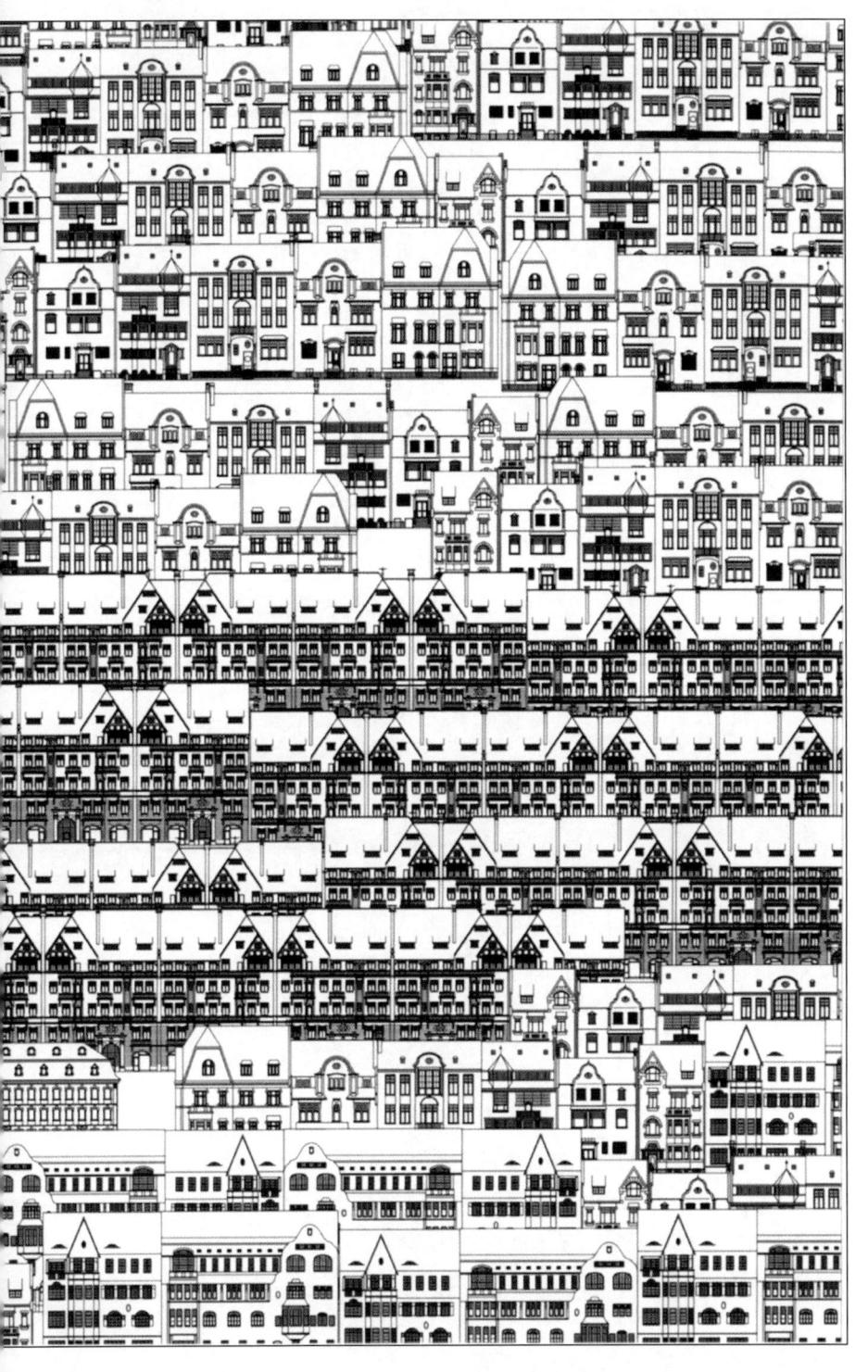

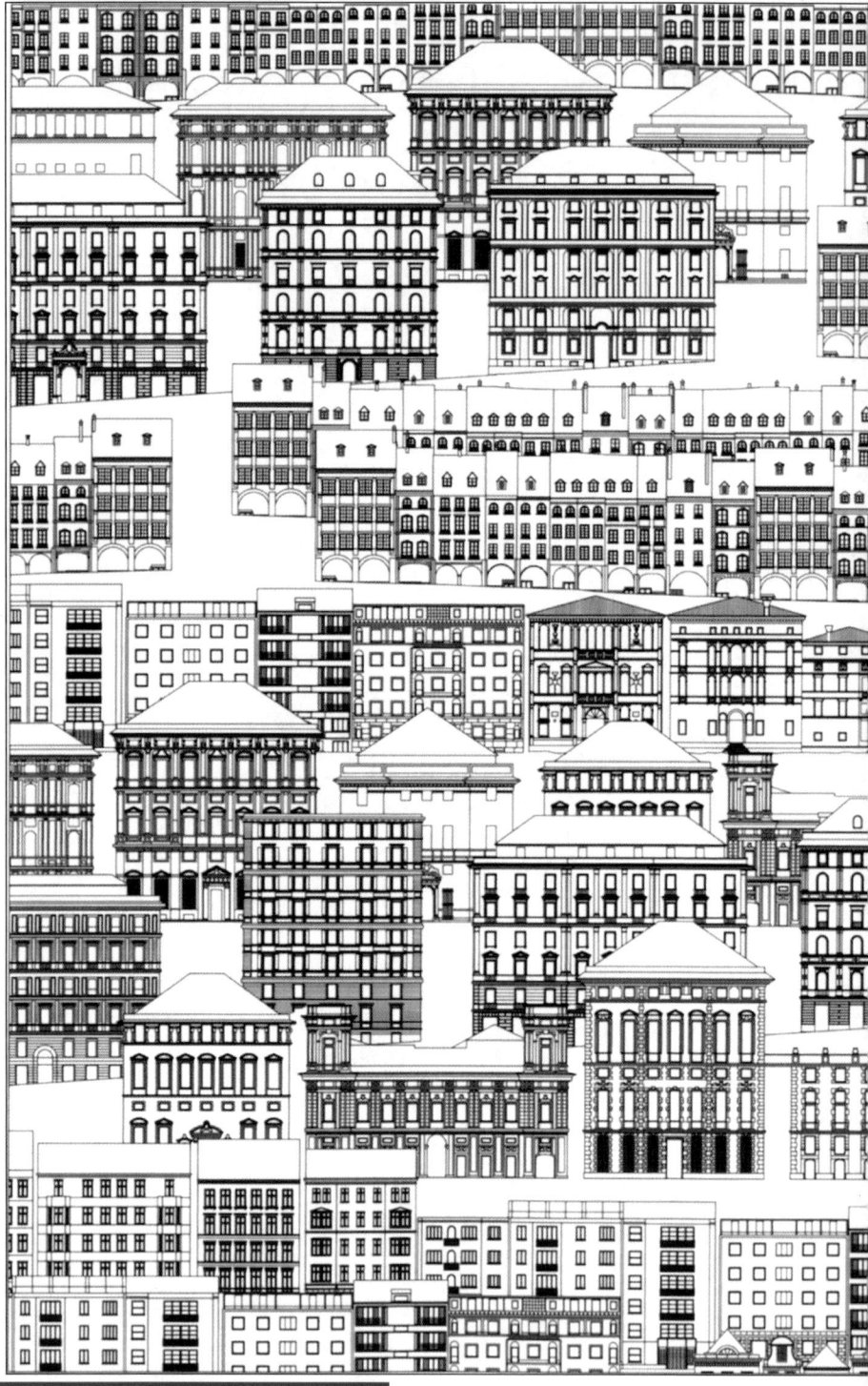

Style variations

02

Interpretations

 ...While architecture is once again finding its pure forms,

  its true forms,

it is also looking for ways to immerse us once again in the imaginary,

 in legends, in gigantic representations, in truth...

Stefania Rössl, Massimo Sordi, *Urban Transitions*, composition - Text by Gio Ponti

Milan.
A laboratory

The models gathered here are not repertoires to tap into, but rather, an invitation to reflect and be aware, to recognize formal systems, and to question the origin and aspects of the structure of some compositional processes.
These built works are perceivable in their actual settings. Their representation as models allows us to highlight relationships that cannot be observed directly through the visual experience.

The orthogonal view imposed by the model forces the figure to reacquire the shapes that defined it in the generative process of the form. The reconstruction of a limited portion of the facade also contributes further to the search for abstraction, removing the object from its setting to obtain a certain degree of autonomy from the represented subject. For this reason, the models seek a legitimisation that pushes them beyond being "a representation of". However, as far as the charm of these elements takes us, the observation will not be able to distance itself from the subject and perhaps the most interesting aspect lies precisely in the continuous fluctuation created between the knowledge provided by the model and that which can be obtained from the experience.[1]

In their pure geometry, stripped of the specificity of materials and the distinction of chromatic characteristics, the models reveal formal relationships in all their variations. Outside of the unitary context of the work, it is even more evident how the principles of hierarchy, axiality, and symmetry leave room for concepts of fragmentation, balance, tension, and shifting. Read in sequence, in an order that can vary depending on the viewer's choice, the pieces of facades reconstructed as models present a series of variations, building a set of elements that reveal, using Cino Zucchi's words, 'the charm of "almost the same"'.[2]
Their interpretation, however, does not attempt to define, explain or draw conclusions, instead suggesting associations, analogies, counterpoints or oppositions, and cues for reflection.

In Peter Eisenman's text dedicated to Terragni, the result of forty years' work gathering a set of ideas perhaps made partly obsolete by the author, the illustrated examples are assimilated to the notion of an architectural critique, stating that any possible conventional reading of the facade, floor plan or section does not lend itself to complete and permanent assessments. Aware that architectural ideas "can never be ahistorical", Eisenman attempts to dislocate the work from its specific historical condition, distancing himself from the traditional characteristics of architectural analysis, which formulates explanations starting from physical appearance, using phenomenological categories or investigating the metaphoric or symbolic meanings of its image. It thus becomes clear that: "While all the analysis categories are textual in the sense that there is always something to read on the subject of the analysis, the term critical text refers to something that pertains specifically to the architectural object, which undermines the notion of finished attributes and can only be articulated or understood using a different interpretative language".[3]

In the term 'transformation', Eisenman identifies what we can commonly understand as a process of change, which architecture tends to clarify as the evolution of the formal generative process which led the creator to the final formal result, but he does so in the textual rather than formal sense of the term, making reference to signs that remain in the work from the beginning of its creative process. He thus implements a methodology that rejects traditional historic, aesthetic, social or functional approaches, opposing considerations on the connotations of the architectural elements and their relationships, because "the autonomy of the architecture is, in its pure form, devoid of any meaning or symbolism other than its formal relationships".[4]

However, as much as the subject of our analysis is restricted to a specific aspect — the *external appearance of the architectural object*, its facade — we cannot escape awareness that space is still the main characteristic of the architecture.[5]

The representations gathered in this study possess a volumetric articulation that enriches the reading of the third-dimension attribute. The design of the facades can, therefore, also be perceived thanks to the chiaroscuro established by the volumes and shadows. The three-dimensional relationships are not suggested by a graphic simulation but tangibly appear in their "real" dimension.

We like to imagine space as the *tool* enabling the connection between the formal relationships of individual elements of the architecture. As Maurice Merleau-Ponty said, "Space is not the sphere (real or logical) in which things are arranged, but the means by which the position of things becomes possible. That is to say that, rather than imagining it as a kind of ether in which all things are immersed or conceive of it abstractly as a characteristic common to them, we should think of it as the universal power of their connections".[6]

1. For the relationship between the knowledge provided by the drawing and that which can be obtained from experience, Cf. Peter Eisenman, *Giuseppe Terragni: trasformazioni, scomposizioni, critiche* [English edition - *Giuseppe Terragni: Transformations, Decompositions, Critiques*], Quodlibet, Macerata 2004, p. 301.
2. Cino Zucchi, *CopyCut*, Marsilio, Venice 2002, p. 8. In the text, Zucchi quotes the words of George Kubler, author of *The Shape of Time: Remarks on the History of Things*, according to whom societies can be damaged not only by moments of excessive repetition of given models but also by others of excessive invention, as the former lead to stagnation and the latter to chaos.
3. Peter Eisenman, *Giuseppe Terragni: trasformazioni, scomposizioni, critiche*, cit., p. 17.
4. Roberto Damiani, *L'architetto e le parole*, in *Inside Out*, Quodlibet, [English edition - *Inside Out. Selected Writings 1963-1988*], Macerata 2014, p. 376.
5. Rafael Moneo observes how "modern" architects have a different idea of space to current architects: "In fact, for the critics of the mid-1950s, Wright and the Guggenheim in New York represented the fullest expression of how construction, the program, the figure and the form coincided with the most genuinely architectural element: space. [...] Let's look, instead, at how today's architects understand the notion of space. This notion is undoubtedly still present in the architectural project, but not in the same way: it has lost its substantive condition, it is no longer the starting point of the project". In Rafael Moneo, *L'altra modernità. Considerazioni sul futuro dell'architettura*, Christian Marinotti Edizioni, Milan 2012 p. 84.
6. Maurice Merleau-Ponty, *Phénoménologie de la perception* [English edition: *Phenomenology of Perception*], Gallimard, Paris 1945; trad. it. *Fenomenologia della percezione*, Bompiani, Milan 2003, p. 326.

Exhibition FACIES | Architetture urbane, Urban Center Bologna
6 April - 13 May 2017

The modern building must reveal itself.

The modern building must reveal what it's made of,

and it must be rich in variety.

When circling it, the building must appear as a landscape,

 a different show from its different points of view.

The modern building with multiple perspectives  must reveal its various aspects to the gaze of those moving around it

  a gaze that penetrates it through its transparent walls

in a vision of spaces and not surfaces.

Luigi Caccia Dominioni
Apartment building, via Nievo 28/a Milan, 1955-1957

"A **very regular** parallelepiped
lined up with other identical **predetermined volumes**
which lays claim to the **invention**
and **compositional freedom** of the **graphic playfulness**
on which the design of the facade **windows** is drawn"

Luigi Caccia Dominioni

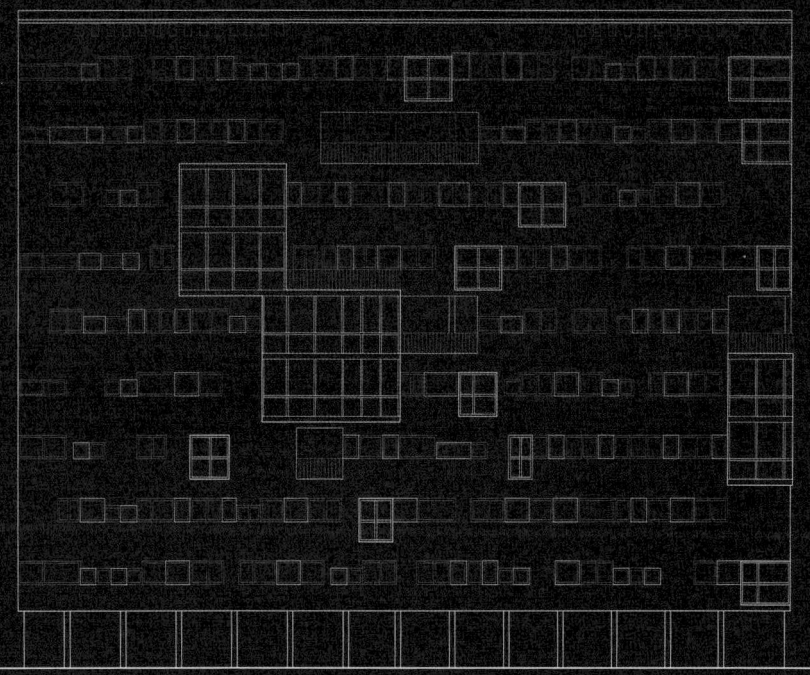

Luigi Caccia Dominioni
Apartment building, via Massena 3 Milan, 1958-1963

"I would say, in no uncertain terms, that
colour should be **forbidden**,
meaning that the only **colours allowed**
should be **those of the materials** used.
I naturally also resort to paint,
but my colour is made up of
soils, salts, and oxides.
Indeed, I feel and recognize that I am **Lombard** in this **tone**"

Luigi Caccia Dominioni

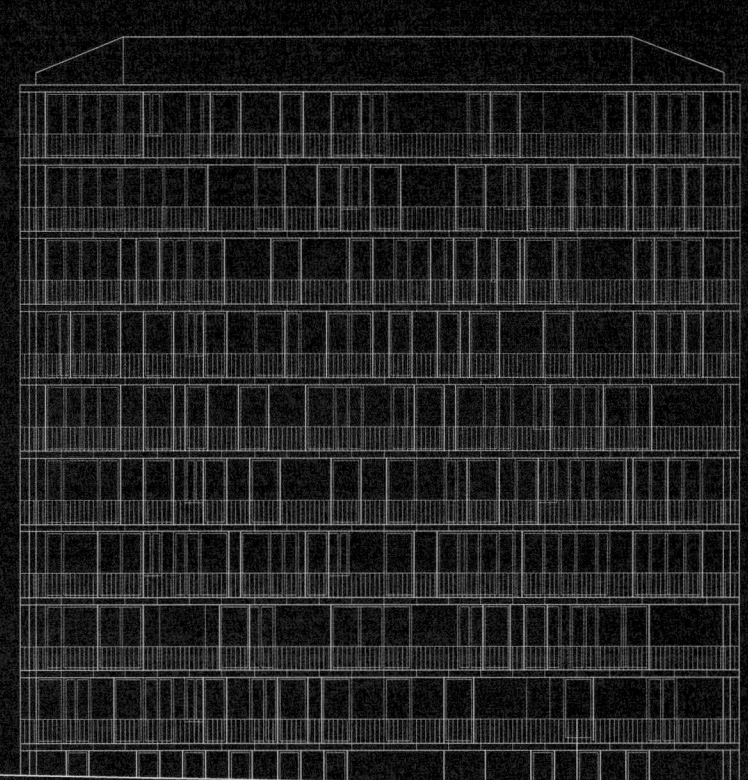

Luigi Caccia Dominioni
Building for residences and shops, via Santa Croce 3 Milan, 1959-1964

"The **composition** of the architecture finds a more **abstract condition,** by freeing the **massive nature** of the work and being broken down into a decreasing **sequence** of **windowed** and **windowless panels** capable of **concealing** the structural **framework** of the building"

Marco Ghilotti

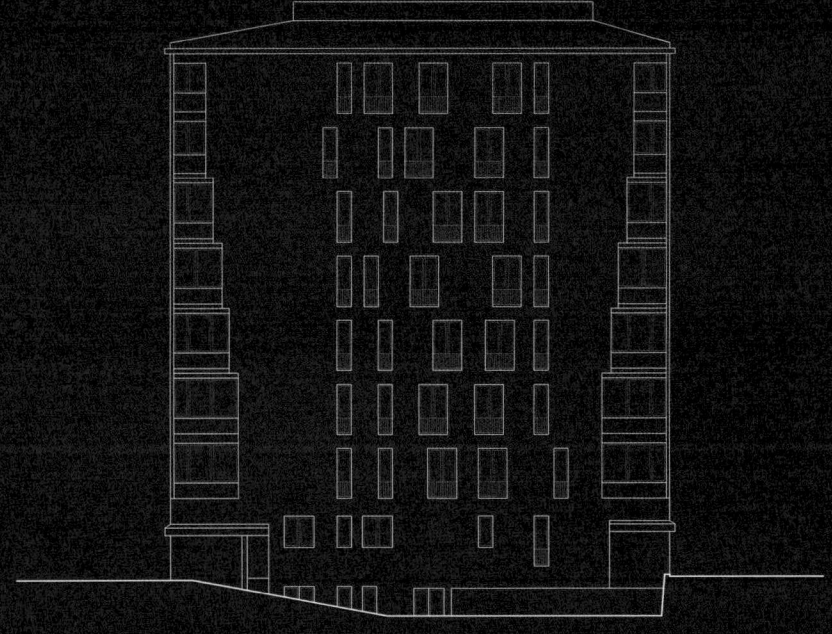

Luigi Caccia Dominioni
Apartment building piazza Carbonari 2, Milan, 1960-1961

"The **floor plan** is the **leitmotif** that holds up the whole composition:
the rest, including the **facades**,
is a **consequence**
and should **adapt** like a **garment**
to the planimetric requirements"

Luigi Caccia Dominioni

Anna Castelli Ferrieri, Ignazio Gardella, Roberto Menghi
Apartment building, via Marchiondi 7 Milan, 1949-1955

"The facade **is not**
              the result of a **predetermined composition**.
     Each floor takes on a **different appearance**
        in relation to the **different needs** of the inhabitants:
                different apartment **sizes**,
       different internal **distribution**,
                    different **widths** of the bow-windows,
         and a different **arrangement** of the **windows**"

Anna Castelli Ferrieri, Ignazio Gardella, Roberto Menghi

Carlo De Carli
Residential building with shops and offices, via Pisani Milan, 1965-1968

"Architecture is making a **window**
so that **air** and **light** can come in,
so that **looking** out in the morning,
opening,
and **closing** in the evening,
are **nothing and everything**"

Carlo De Carli

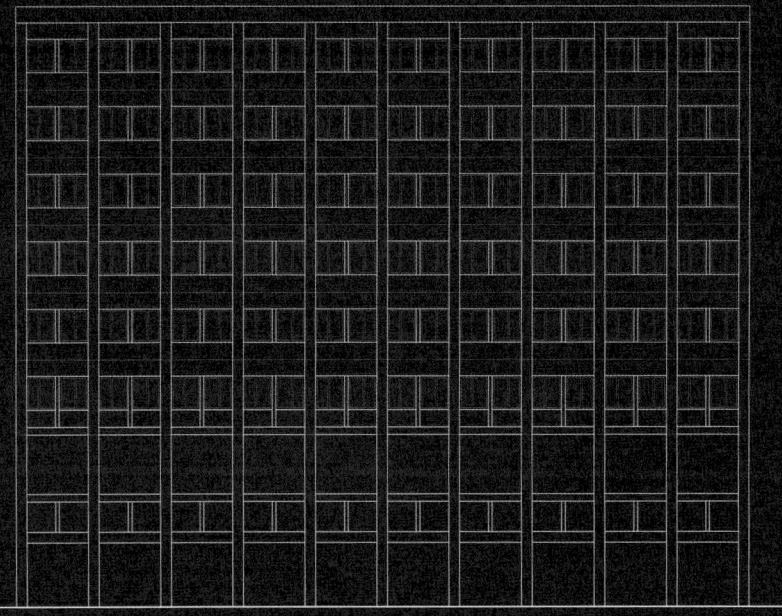

Luigi Figini, Gino Pollini
Building for residences and offices, via Broletto 37 Milan, 1947-1948

"In a way, the **facade** **"vouches"** for the plan view.
The facade is the **page** that allows all the rest to be **read**,
by those who are not illiterate in these things,
because it allows the **soul** of the architect to be read.
The facade is also the public **speech**
of the architect's public **vocation**.
It is the public **lesson** that **educates** and **honours** the city"

Gio Ponti

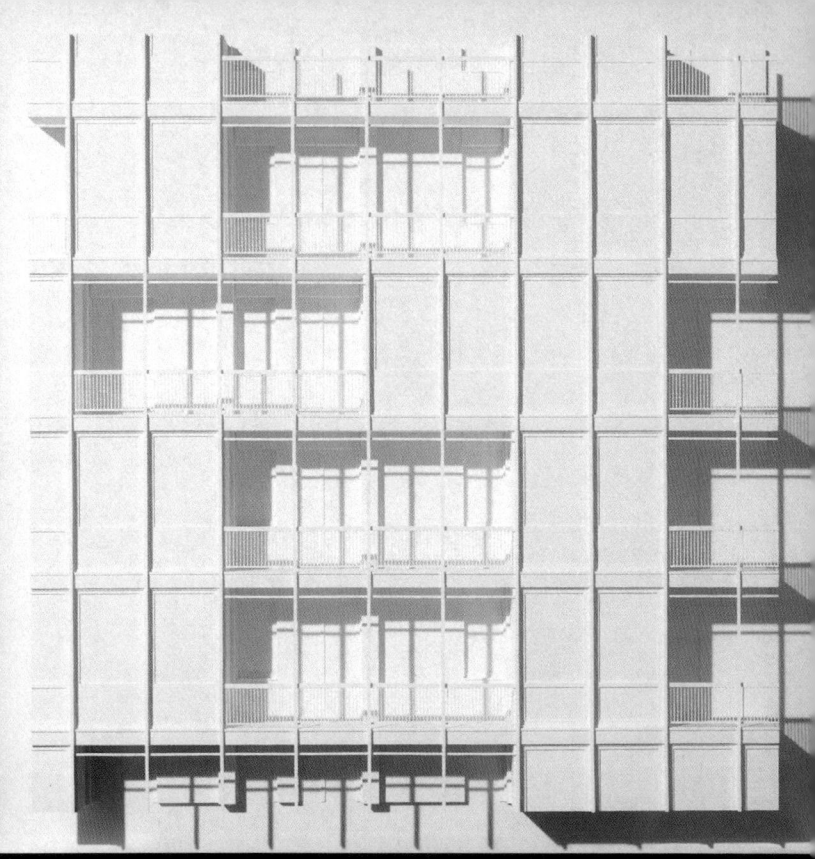

Gustavo and Vito Latis
Apartment building in piazza della Repubblica 11, Milan, 1953-1956

"The facade was sketched out on the **motif** of a metallic **grid**, with normal iron profiles, within which the **movement** of the closed blocks of the **bow-windows** creates **vitality**"

Lisa Ronchi

Gustavo and Vito Latis
Apartment building on via Rossetti Milan, 1959-1960

"The facades are marked by a fairly **free articulation** of the openings, aiming to soften the **sequential** nature of the ten floors of this **compact** parallelepiped, made even more **monolithic** by the cladding in violet brown **stoneware**"

Gianluca Cesana

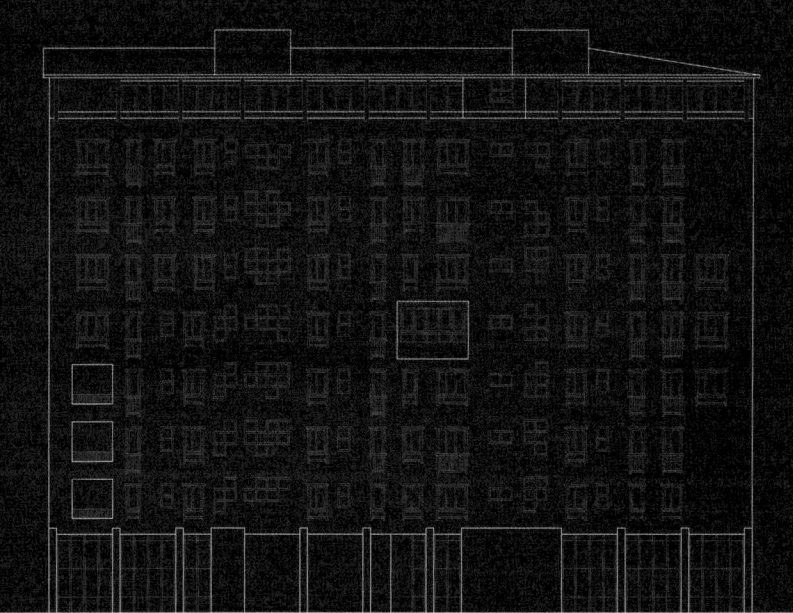

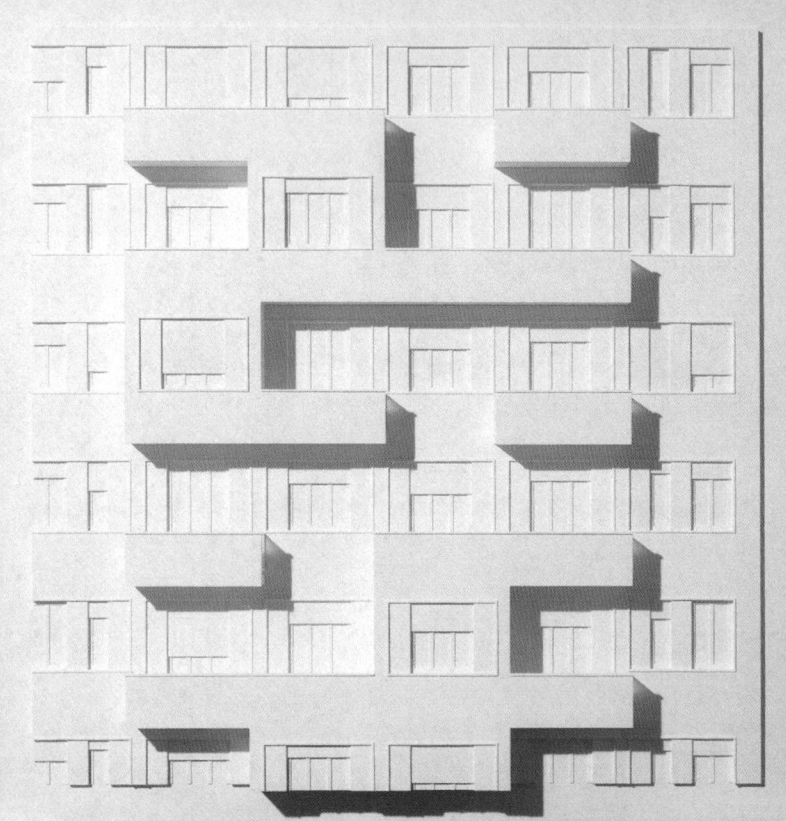

Attilio Mariani Carlo Perogalli
Casa astratta, via Beatrice D'Este 24 Milan, 1951-1952

"The **synthesis of the arts** also stands out in the strong **colour** component: the facade of the building features **cladding** in split **white marble** and **blue ceramic** tiles... The **decoration** is expressed both in the **free composition** and in the choice of **colours** in the facade"

Carlo Perogalli

Attilio Mariani, Carlo Perogalli
Residential tower, via De Amicis 20 Milan, 1952

"The **objectives** set by architects in the post-war years included that of **re-examining** the popular **intransigence** of the strictest **functionalism** against **decoration** in architecture. Indeed, to some architects, it seemed that **decoration** in architecture was not exactly, or not at all, the **'crime'** it was said to be"

Carlo Perogalli

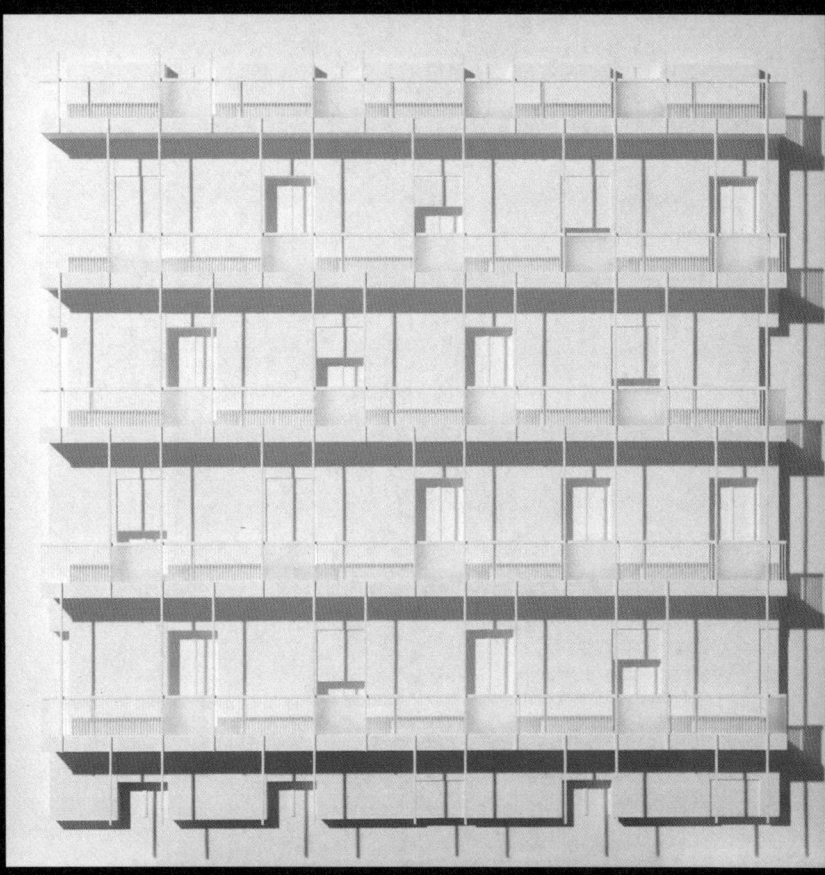

Attilio Mariani, Carlo Perogalli
Apartment building on via Beatrice d'Este 26 Milan, 1956-1957

"The **chessboard** is a **game**.
The **offsetting** of openings is also a **game**:
the rooms they correspond to, however, are exactly the same:
and if the **rules** that govern the **opening** of
a window in a room are the same,
it is clear that the **offsetting**
is a little **removed**
from a strict and meagre external **translation** of an interior"

Renato Bazzoni

Roberto Menghi, Marco Zanuso
Office building, via Senato 11 Milan, 1947-1949

"The **transparency effect**
brings this facade without relief **to life:**
through the **glass wall** on each floor,
we can see
the horizontal **bands** of the **coloured** ceramic **stoneware** panel,
by Lucio Fontana,
and the transparent **wings**,
of the **steel** "Venetian blinds"
that **shield** the windows on the inside"

Gio Ponti

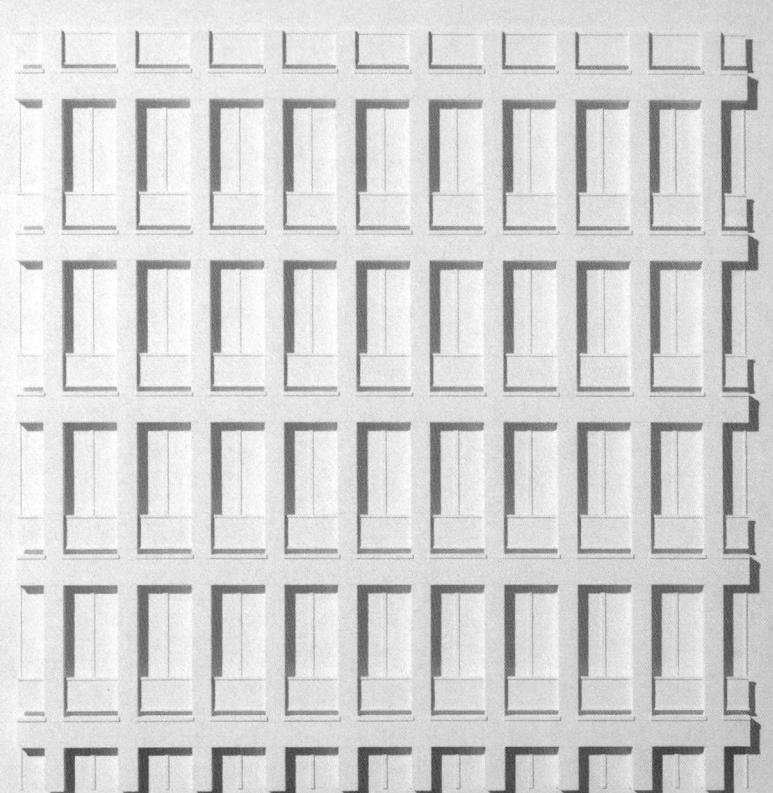

Giulio Minoletti with Luigi Mattioni and Giuseppe Chiodi
headquarters of the company Liquigas, corso Venezia 5 Milan, 1950-1953

"The **rhythm** of the openings is very **coherent**...
The most interesting **innovation** for passers-by is the
addition of the **advertising material** already in the design phase
so as to obtain a veritable
architecture of light.
This was obtained by bringing the steel Venetian **blinds**
outside the window
and setting up a specific electrical **system**;
when the offices close,
the steel blinds are thus transformed
into **luminous** advertising **panels**"

Giulio Minoletti

Gio Ponti, Antonio Fornaroli, Alberto Rosselli
Politecnico di Milano building, via Bonardi 9 Milan, 1960-1964

"It will be a **building that teaches,**
in which all the interesting **'types'**
of windows, floors, **materials,**
equipment, finishes, etc.
will be put in place.
It will not be a **school** like all the others...
it will be a school of **architecture**...
where **production** itself,
through the same building,
will participate in **'training'** the architect"

Gio Ponti

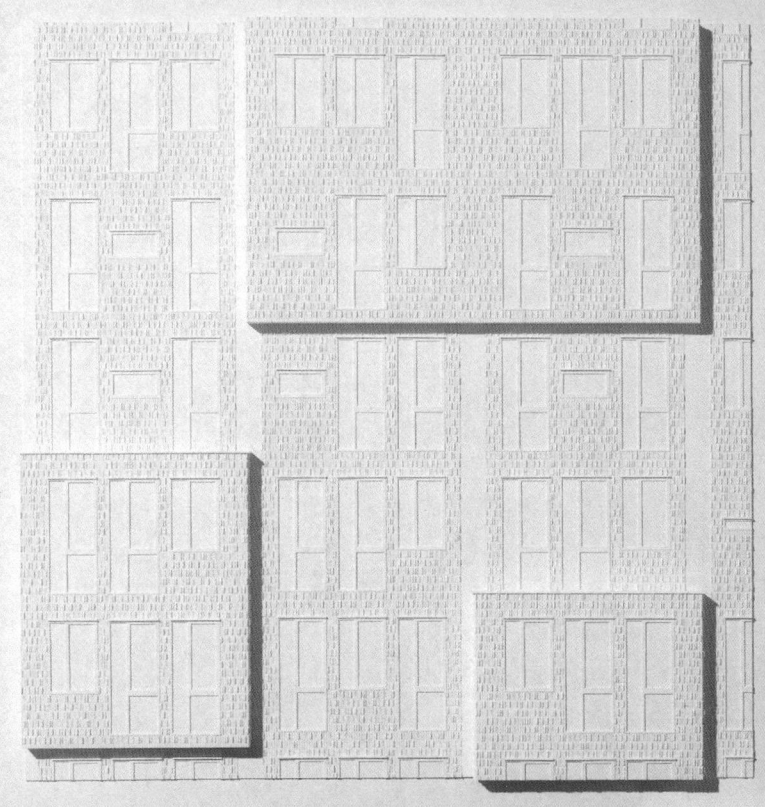

Gio Ponti, Antonio Fornaroli, Alberto Rosselli
Montedoria Building, via Pergolesi 25 Milan, 1964-1970

"There is always the **criterion** of the **"finished form"**,
proceeding **"by surfaces"** and not **"by volumes"**,
thus, there is a focus on the **facade** (wall-thin casing)
as an **opportunity** to
play with **images** and **light**,
according to the fundamental idea that
"architecture is made to **be looked at"**

Lisa Licitra Ponti

Carlos Ferrater, Patrick Genard, Xavier Marti, Mediapro Building, Campus Audiovisual 22@X, Barcellona, 2005-2008

Contemporary atlas

The collection of images gathered here is a selection of famous contemporary buildings reread through the tool of the model. It will be easy to recognize buildings widely published in the pages of specialized magazines and just as easy to trace them back to their famous creators.
We thus also recognize a series of forms commonly resounding in the works of less famous creators, from the projects of young architects and, perhaps even more so, the proposals of architecture school students. These forms are repeated in vaguely recognizable ways, or cloned, or simply revived while experimenting with new materials and construction methods.

This repetition of forms contributes to giving them a certain character of familiarity, making their presence reassuring. But what determines the persistence of a form? What rules are used by the process that defines the choices of a formal structure? What is the awareness that enables the formal generative process of architecture based on?

Perhaps the first act is to *recognize* and establish belonging. This very action is the element capable of suggesting a bond between these images, allowing us to draw near and, if possible, penetrate a world of forms deeply rooted in time, from which multiple traces of past and present cultures emerge.
Forms which, freed from styles, seek legitimacy outside of the territory of *figures*, rejecting allusions to meanings, symbolism or languages, and rather identifying in formal abstraction the aspiration to rise as an autonomous subject, generated by its own methods and principles.

The models presented, created using homogeneous techniques and materials, make it clear how buildings removed from the physical settings to which they belong and stripped of the particular relationship that ties the object to the place, can provide an opportunity to develop new reflections.
Architecture thus becomes available for an investigation expounded within forms. As Moneo says, we can "explore the criteria with which the architecture shapes the form, and study the rules architects use for construction".[1]

The facades are transformed into figures made abstract by a representation that favors similarities and connections over differences and individuality.
The goal is to provide the viewer an opportunity to identify a possible way of reading and interpreting, and the chance to imagine plausible links and relationships, in order to fuel an imaginary of forms.
The examples are gathered and organized in accordance with the elementary criterion from which their form originates.

The first set of models recognizes the ***element*** as the main protagonist of the composition, identifying the opening on the surface of the facade as the term that articulates the composition, through which the rhythms and relationships between parts are defined. The variations of these compositions fluctuate from static fixity, determined by regularity and symmetry, to the dynamic tension of variously sized elements placed to encourage a democratic flight of the gaze in different directions, without favoring any hierarchy.

The second set of models is governed by the simple *grid*. In these cases, the opening in the facade is expanded to the point of generating a reversal of roles: the opening element surrenders the role of *subject* to the wall, which is transformed into a skeleton — a framework on which the composition plays out.
As Rowe says, "the neutral grid of space which is enclosed by the skeleton structure supplies us with a particularly cogent and convincing symbol, and for this reason, the frame has established relationships, defined a discipline, and generated forms.
The frame has been the catalyst of an architecture; but one might notice that the frame has also *become* architecture, that contemporary architecture is almost inconceivable in its absence".[2]

The elementary nature of the principle does not limit the richness of the possible variations. It is extraordinary to see how many solutions a grid can adopt by varying the simple ratios that give its design balance.
Simplicity and harmonious dimensions are the aspects that characterize these facades governed by proportional relationships, in which the number, as for certain works of art, not only acquires a geometric but also a poetic value.[3]

Finally, the third set gathers examples whose compositional logic appears to originate from a process of layering planes that overlap in parallel to one another, revealing the additive nature resulting from the plan views.
The patency of the horizontal lines gives greater impact to the autonomy of the levels on which the protagonists of the facade's

linear composition appear in sequence. The elements are freely arranged along these superimposed planes without constraints, deprived of any fixity.

In the facade arrangement, the randomness of their placement is left to the free will of the users, thus generating constantly changing solutions that are never the same. A system of compositions, open to unforeseeable solutions and characterized by constant dynamism.

---

1. Rafael Moneo, *Sul concetto di arbitrarietà in architettura*, "Casabella", no. 735, 2005, p. 32.
2. Colin Rowe, *La struttura a telaio di Chicago (Chicago Frame)*, in Paolo Berdini (editor), *La matematica della villa ideale e altri scritti* [English edition: *The Mathematics of the Ideal Villa and Other Essays*], Zanichelli, Bologna 1990, p. 83.
3. Ezio Frigerio, a student of Mario Radice's, defines the number as an object "in sensitivity", arguing "that the number not only has a geometric but also a poetic value, and that there is a poetry of numbers or, at least, that numbers correct the poetry of nature and make it more complete". Giovanni Marzari, "La poesia dei numeri" conversazione con Ezio Frigerio. In Mario Radice, *Architettura, numero, colore*, Mondadori, Milan 2014, p. 144.

Exhibition FACIES | Architetture urbane, Urban Center Bologna
6 April - 13 May 2017

Kazuyo Sejima and Ryue Nishizawa (SANAA), Zollverein School of Management and Design, Essen, 2004-2006

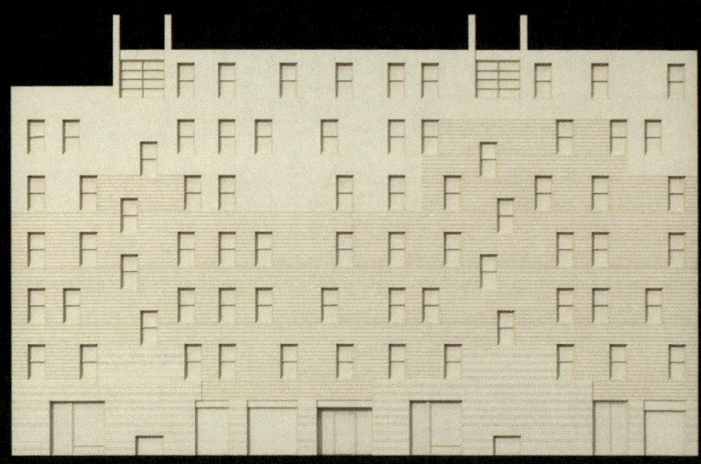

Rafael Moneo, Elías Torres and José Antonio Martínez-Lapeña, Residential complex, Sabadell, 2003-2006

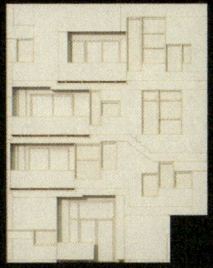

Steven Holl, Residences,
Fukuoka, 1989-1991

Interpretations   107

Annette Gigon and Mike Guyer, Residential complex
Broëlberg I, Kilchberg Zurich, 1994-1996

Cino Zucchi, Former Junghans
factory, Venice, 1997-2002

Cino Zucchi Architetti, Social housing tower,
New Portello Milan, 2002-2008

MAB Arquitectura, Social housing on via Gallarate, Milan, 2006-2009

Mansilla+Tuñón, Auditorium, León, 1994-2002

Otto Steidle Architekten, University of
Dachauer Strasse, Munich, 2012

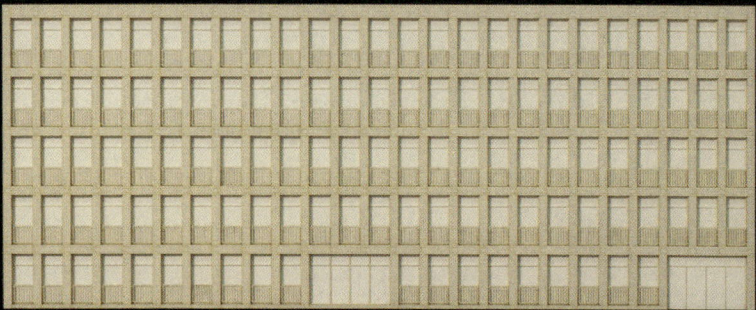

Oswald Mathias Ungers, Basler Versicherung office building, Cologne, 1993-1997

Hans Kollhoff, Leibniz-Kolonnaden buildings for residences, shops, and offices, Berlin, 1995-2001

Hans Kollhoff, Buildings for residences, shops and offices in Pariser Platz/Unter den Linden, Berlin, 1997-1999

David Chipperfield, Laboratory Building, Basel, 2006-2010

Max Dudler, Eisgasse House, Zurich, 2006-2013

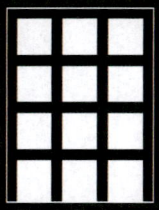

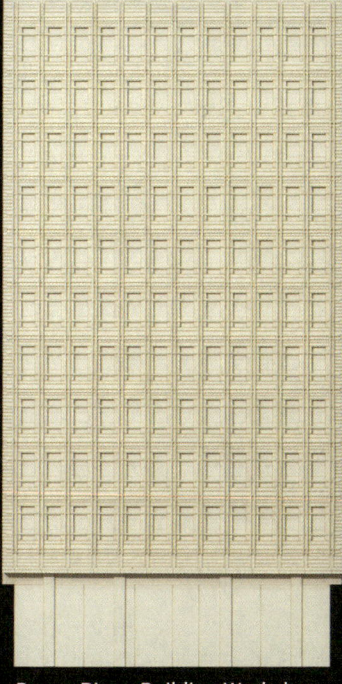

Renzo Piano Building Workshop,
Central Saint Giles, London,
2002-2010

Interpretations

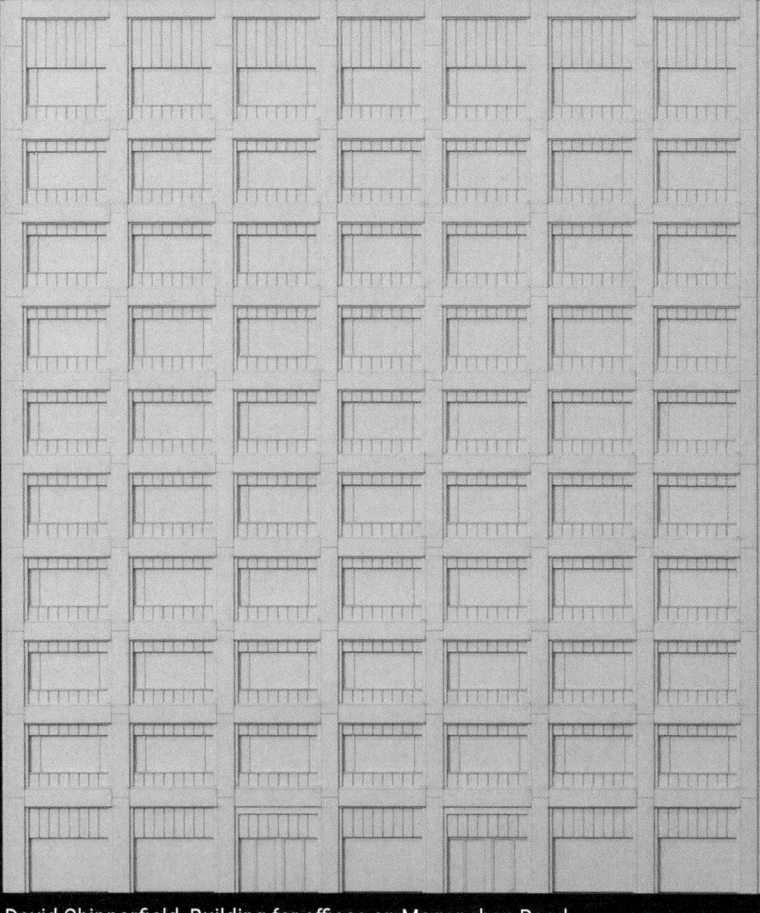

David Chipperfield, Building for offices on Moganshan Road, Hangzhou, 2009-2013

Jurgen Sawade, Residence on Potsdamer Strasse, Berlin, 1983-1985

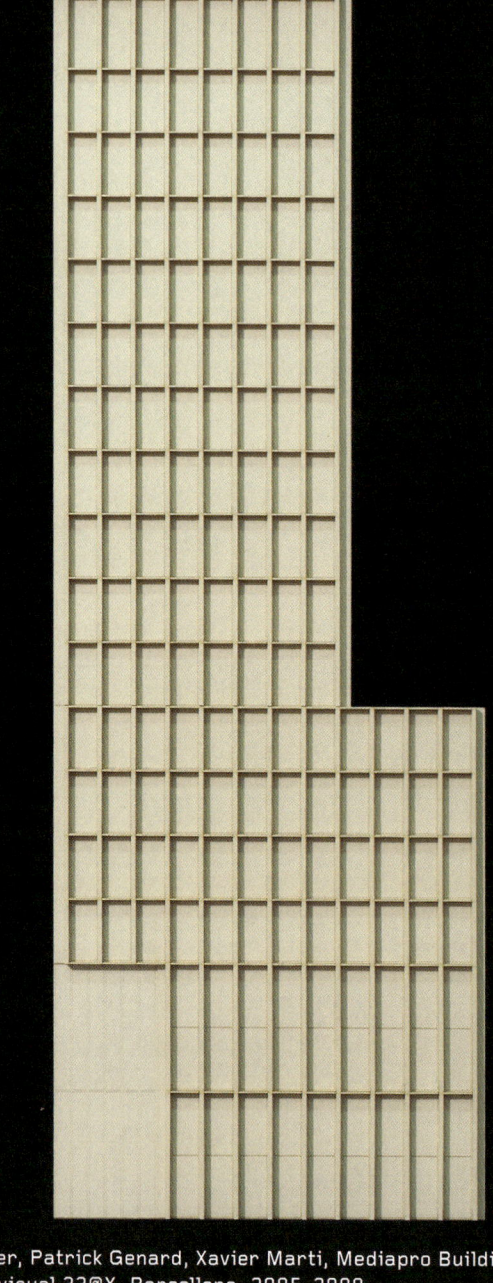

Carlos Ferrater, Patrick Genard, Xavier Marti, Mediapro Building, Campus Audiovisual 22@X, Barcellona, 2005-2008

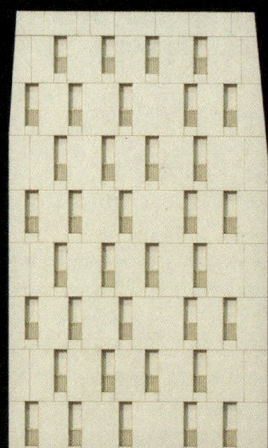

David Chipperfield, Villaverde residential building, Madrid, 2000-2005

José Rafael Moneo, City Hall, Murcia, 1991-1998

MVRDV, Unterföhring Park Village, Munich, 1999-2003

Carlos Ferrater, Vertix Housing, Barcelona, 2003-2007

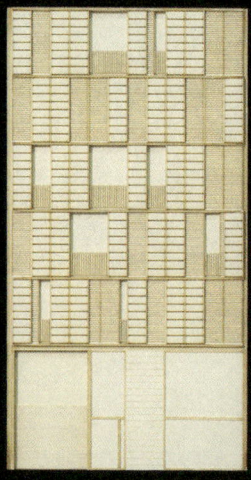

Carlos Ferrater, Building for offices and apartments and Carlos Ferrater Studio, Barcelona, 2000-2002

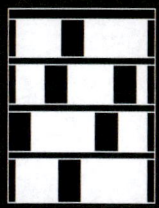

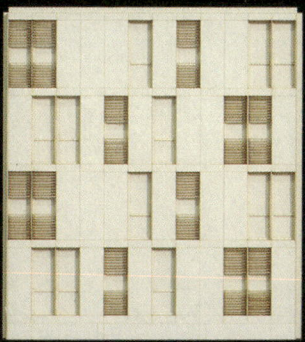

Carlos Ferrater, Building on calle Dr. Carulla, Barcelona, 2008-2009

Max Dudler, Rosengarten residential complex with shopping centre, Arbon, 2008-2012

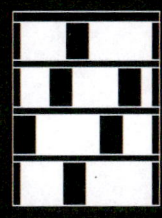

Carlos Ferrater, Lesseps Housing, Barcelona, 2004-2007

Interpretations

03

Reflections

Vittorio Gregotti, The Image of Change

Sarah Cuccia

Master of contemporary architecture, designer and leading theorist on the architectural stage, Vittorio Gregotti has continued to reflect on a few specific themes of the architectural discipline, on those that he defines as project *materials*. Interest in the history of the city and local knowledge, the settlement principle and the theme of anthropogeography, together with the concepts of settlement type and modification are the salient themes on which Gregotti has based his architectural practice.

In a liquid society, as Zygmunt Bauman defined it, where space and time carry new meaning, image plays a role of primary importance in the contemporary project. The facades of Vittorio Gregotti's buildings are not fabric *textures*, but *compositional* spaces. In his projects, the facade is given the same importance as internal distribution and flows. It acquires an unprecedented centrality within the architecture project. No longer an element aimed exclusively at protecting the internal structures of buildings from bad weather and allowing them to literally or conceptually show through, the facade also becomes endowed with its own meaning. It plays a fundamental role in the process of defining public and private space. It is the filtering element between the private interior space and the public exterior space. An intermediary between two spatial concepts, the facade is the means by which the relationships a project establishes with the setting in which it is found can be read, through an investigation capable of emphasizing the spatial and compositional rules of the urban situation itself. Gregotti's architecture tends towards abstraction, where the capacity for abstraction means bringing the architectural practice to a syntactic dimension which prioritizes the rules of the formal construction of the object; interest is shifted from the individual elements to the relationships they establish among themselves and, thus, to the principles of composition governing them.

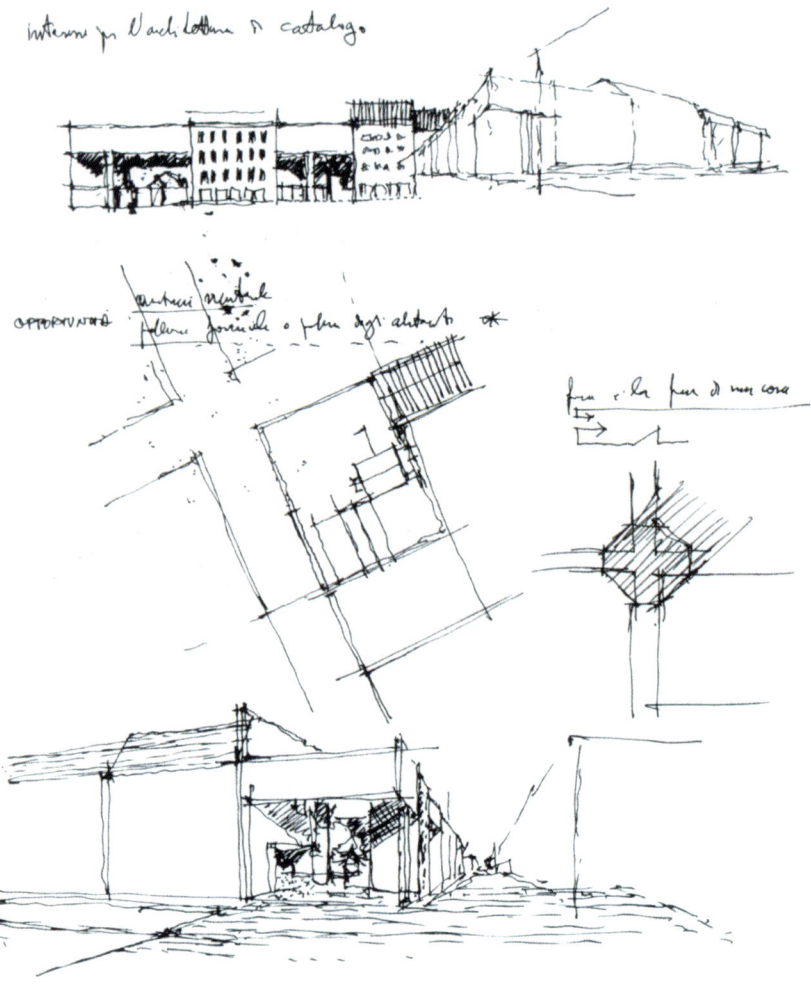

Idz: Symposium "Entwerfen in der historischen Strasse"
organized by IDZ, Berlin 1975. Sketches and initial design reflections

Conversation with Vittorio Gregotti

What are your reference points for building a facade?
When I graduated in 1952, I was a student of Rogers. I had already met the great masters of the International Style and, from them and from all the International Style literature, I had learnt and shared the idea that the facade was not an element in and of itself but, rather, closely connected to the internal spatial conditions; in addition to the fact, of course, that it also formed a kind of relationship proposal with the context surrounding it. This, if you like, was the innovation of my generation. The previous generation had paid great attention to the idea of the relationship between the organism and its facade; the facades were, so to say, the expression of this organism. In various ways, my generation added the function that the external facade could have in relation to the context in which it was built — both the urban and territorial context.

What role does the facade play today in the construction of the urban project?
The effort made by the International Style to make the two parts consistent with unified spatial continuity seems evident to me. Following the Second World War, themes regarding the relationship with the urban and territorial site and its history became essential planning materials in European cultures. Often, however, the construction of interior spaces proposes very different conditions, which do not always appear on the outside. In my opinion, an effort to make this relationship more unified could spark a very interesting line of research.

Can we define the facade as the architectural "situation" of the building?
No, the situation of the architecture is made up of the organization between the autonomy and heteronomy of the various materials chosen, the place, the building ground in the space, and the relationship between the parts

and between the exterior and interior. Above all, the process of establishing intentionality of planning, even in the smallest and most concrete details. The number of obstacles to the fulfillment of all this is countless.

Your projects are rooted in place and seek their rules in it. Your buildings are far from being prone to fashions. How would you define the language of your buildings?
I don't think it's my job to define the "language" of my buildings. However, we shouldn't talk about language, which, as a recognition tool, is too weak to define the architectural work in general and its signifying form.

What image should urban building have today?
Designing architecture is imagining the concreteness of its form. Out of all the artistic practices, only ours appears to have this task —to completely build a work that doesn't yet exist through drawing and with other indirect tools, a work that can not only be judged in its intentionality, uses, and contextual relationships, but, above all, in the proposed modifications to the state of its disciplinary condition. All this through the possible perceptions of the conceivable concreteness of the work. What remains unknown, as in all the arts, for that matter, is what meanings this image could acquire over time. The word 'image' is also used for the other arts, such as music and literature, and we should not attribute a merely visual value to the word image, but rather, the value of something that produces new possibilities, with all the interpretative ambiguities of its intentionality.

A segment of contemporary architecture tends to produce spectacularization. It *creates* astonishment and is *liked* by the masses. It must be in fashion. It cannot be identified with a model, does not follow tradition, and does not interpret the needs of a place. What do you think about contemporary architecture?
My position is radically opposed. I think that its spectacularization, like its "deconstructive" characteristics (that is, lack of or bad interpretation of the principles of Derrida), is produced by the concurrent need for material and colonialist visibility of a globalism produced by the dominant financial capitalism, in accordance with the ambitions of starchitects.
For them, it must possess the precariousness of fashions at all costs and must, above all, be available to the intangible communications consecrated to public belief with regard to authorities.

How do you interpret the concept of abstraction?
I think that, in its making and purposes, a work of architecture is highly tangible in its forms and images, uses, and in the intentionality of each detail with which it is built. It is also a strong representation of the heteronomous materials its autonomy has encountered and organized.
Its abstraction originates from the role and from the changing collective meanings it will have in the future.

What is your view of time in architecture?
I think that the present time, or better, the present state of our discipline, is the dominant element on which to measure the time of our projects while their building ground is the state of things, that is, the past that built it as heritage on which to exercise our passion and our critique through planning. To us, it has a future without end— our hope to build something that will become a solid past, to be interpreted in the future with new meanings.

Building within the built means considering the dimension of time in architecture. What does it mean, today, to design in the consolidated city?
We always build within the built, especially in Europe, where both the territory as a whole and the city are (or should be) dominated by processes that define their destiny as agriculture, infrastructure, woodlands, built-up areas, dams, or ports and establish the space defined by humankind within recognized geographical limits. This all appears clear in the built city and its uncertain boundaries. It is a particularly delicate urban issue, not just because of the presence of clear historical monuments but, above all, of frequently overlapping concepts of urban design, with which to regulate the new with its own rules and contradictions we are forced to converse with and sometimes to learn from these other reasons for our own settlements.

In the contemporary realm, what is the relationship between architecture and geography?
A German geographer coined the term anthropogeography. This is the interesting aspect. We are in a world where everything has been taken into consideration, even in the deserts that have been left alone; the mountains, too, are fixed elements. However, thanks to the tools we have invented, we are familiar with the whole world and we dominate it in a certain sense. So thinking about retiring to a new naturalism seems a little wrong to me. We need to face the idea that the world is changing and will change more and more and that it will have an increasing number of inhabitants. We need to face the fact with this type of realism.

In China, where you have designed, the geography is very different from that of Europe. In what way?
It is different, but it can be looked at more objectively. China also has a completely different history, not just physically but also in terms of the process by which it has been built. There is the idea that there is no nation, but a civilization; in fact, the nation has never existed as such, but only as a civilization. They were very proud of this. I think that these are the best legacies at the moment; thinking about one's nation as a civilization means defending it at all costs, in the sense of not bowing to an interpretation of globalism as a new colonialism.

In some of your writing, you say that urban design is the main investigative tool. I think we can consider the model in the same way. Do you agree with this? How have you used models and what importance do you attribute to them?
I worked with models a lot. Not in the sense of building a final model; that was entrusted to someone else so that I could present the work to the client. I dealt with the construction of parts— even parts made from cardboard. What I consider extremely important in drawing — and I always say this — is the relationship between the thought and the hand. This direct relationship between thought and hand also occurs when you make cardboard figures with your hands and later decide what a detail looks like. This is a problem. I think that, despite the great advantages of the whole current system of indirect representation, we have abandoned this direct and physical relationship between thought, hand, and pencil, or between thought, hand, and the paper it is working with. This is a sacrifice we need to reflect on. It shouldn't be an absolute sacrifice— we could maintain this aspect and then naturally also use other systems to convey the final choices to those who have to accept or build the structure. We need to think that the whole process of creativity — I rarely talk about creativity — let's say the process of making, of organizing the project materials, should always be conceived, in my opinion, as a direct relationship with the person making it. I think this is something we shouldn't lose, although we are running that risk.

Milan, 11 January 2017.

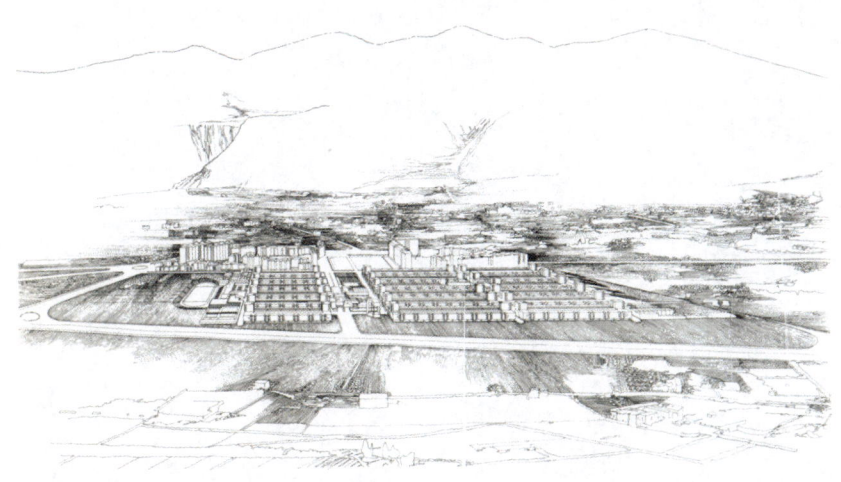

Zen: Neighbourhood for 20,000 inhabitants (ZEN), Palermo 1969-1973. Perspective drawing

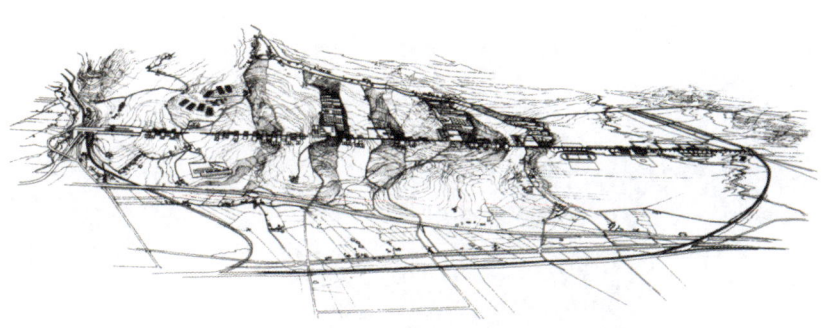

Cosenza: Campus of the University of Calabria, Rende (Cosenza) 1973- 1979. Drawing of the overall settlement

Ignazio Gardella, Residential building in Via Marchiondi, Milan, 1954 (photo by Matteo Sintini)

Starting from the city of Milan

Matteo Sintini

Although extensively studied, the events concerning the reconstruction of the city of Milan in the two decades dating from the mid-fifties to the mid-sixties of the 20th century still offer important insights and have seen renewed interest.
The completion of open or bombed areas took place within the city, largely through the construction of housing blocks to meet the needs of a city emerging from the plight of the immediate post-war period that faced the development of the economic boom, contributing in a decisive manner to the transformation of whole parts.
The impetus of industrial entrepreneurship, the presence of numerous lots close to or inside the city, the the public administration's support for private initiatives, the presence of a widespread design culture within the professional context, the requests of a middle class alert to the modern but without ostentation, and the need for buildings in which to place tertiary functions. These were the consistent factors which, together with the quantity, enable this event to be read beyond mere individual episodes and allow us to define a typological model, let's say, to identify the reconstruction, just as the courtyard block had made the 17th- and early 18th-century city clearly recognisable.
This model, which develops the legacy of those of the Noucentista and rationalist period, can be defined by several common characteristics: the

extension in height on a clear lot, leaving open space around the building; the unique treatment of this area of mediation with the city and the pre-existing, resolved through varied heights and the placement of private gardens on the ground floor; the multifunctional nature of the program, in which residential and tertiary spaces coexists, which in some cases produced interesting variations and volumetric breakdown; and the unique compositional work on the facades.
We need to dwell more precisely on this aspect, as it is the subject of the studies that follow.

The theme of the facade became central, in fact, as it architecturally solved the issue of a boundary between city and building on the one hand and, on the other, requests to characterize the internal space through the provision of private external surfaces.
Although fragmented episodes occurred in scattered areas of the city (here we can cite, for example, the buildings by Luigi Caccia Dominioni on via Massena, 1959-63 and in piazza Carbonari, 1960-61, and by Angelo Mangiarotti on via Quadronno, 1956-60), in some areas the transformation was made more evident and compact due to the choices of the Reconstruction Plan, which was laboriously approved in 1953.
Among these was via Vittor Pisani, which provided an opportunity to finish the incomplete business center project which, since the 1930s, had sparked the planning of the new arterial road created by moving the railway station back to its current location. Here, already, we find some examples dating back to that period, in particular, the two adjoining blocks by Giovanni Muzio, featuring Casa Bonaiti and Casa Malugani (1935-1936), whose rational rigor, visible in the stacking of floors and emergence of the separation of the facade from the wall surface was modernized, twenty years later, in the apartment building created by Vito and Gustavo Latis in Piazza della Repubblica. Emblems of the Italian International Style would spring up alongside these, including the Breda Tower by Luigi Mattioni (1955), the Galfa Tower by Melchiorre Bega (1959), and the Pirelli Skyscraper by Giò Ponti (1960), additional fragments of a business center that was not fully completed even in this second attempt.

The so-called "Racchetta" area, adjoining the arterial road linking piazza San Babila to largo Missori, outlined in the Albertini Plan (1934) and only built in the 1950s, is another place where this new city just outside the historic center appeared, not without conflict. While, on the one hand, here we can find some of the most successful and discussed examples of Italian post-war architecture, such as the Velasca Tower by BBPR (1958) and the neighbouring

blocks designed by Mario Asnago and Claudio Vender (completed in 1959, but whose creation dates back to 1939), the demolition of the basilica of San Giovanni in Conca and the resonating protests that followed (see the journalistic battles carried out by Antonio Cederna), put the issue of the speculative growth of the city into the limelight more than elsewhere.
Not far away, the rotated volume overhanging the road of the residential and office building by Luigi Moretti on corso Italia (1949-1955), provides yet another scenario, dramatizing the sculptural possibilities of the planning project.

A veritable cross section of the modern city built and rebuilt on itself can also be found on via Marchiondi, where, alongside fragments of the pre-existing 18th-century Arcadia Gardens, are the Casa della Meridiana by Giuseppe de Finetti (1925) and an apartment building designed by Ignazio Gardella, Roberto Menghi, and Anna Castelli Ferrieri (1955).
The continuity of these themes and their evolution can also be seen in other areas, where new languages are addressed, favoured by curtain wall technologies and metal constructions, such as on viale Europa (office building by Vico Magistretti, 1957) and in piazza Meda (branch of the Chase Manhattan Bank by BBPR, 1969).

A generation of architects addressed these design themes, breaking them down into numerous variations: personal research, professional ability, and sensitivity towards contributions originating from various sources of inspiration.
In the case of Giò Ponti, for example, we can see a desire to pursue research on the elements of a personal language even in these themes, entrusted to the expressive potential of the surface cladding. Also on the subject of facade treatments, others, such as Ignazio Gardella and Caccia Dominioni (see the buildings mentioned above), instead took advantage of domestic materials, such as clinker, and played with the features that best communicated an idea of home: the roofing, balconies, and loggias, selecting views with the movement of the facade planes, "breaking up" the symmetry with window openings. Others were deeply inspired by the world of the arts, including Carlo Perogalli and Attilio Mariani (apartment building on via Beatrice d'Este, 1957), who began explicitly with rules originating from concrete art. A clear reference to abstract art and to the informal is present in the works of Luigi Moretti (we can add to those mentioned previously the Case Albergo on via Bassini, via Lazzaretto and via Corridoni, 1950, the latter appearing in the static scenes of the film *The Night* by Michelangelo Antonioni). Others, such as Asnago and Vender (we can mention the

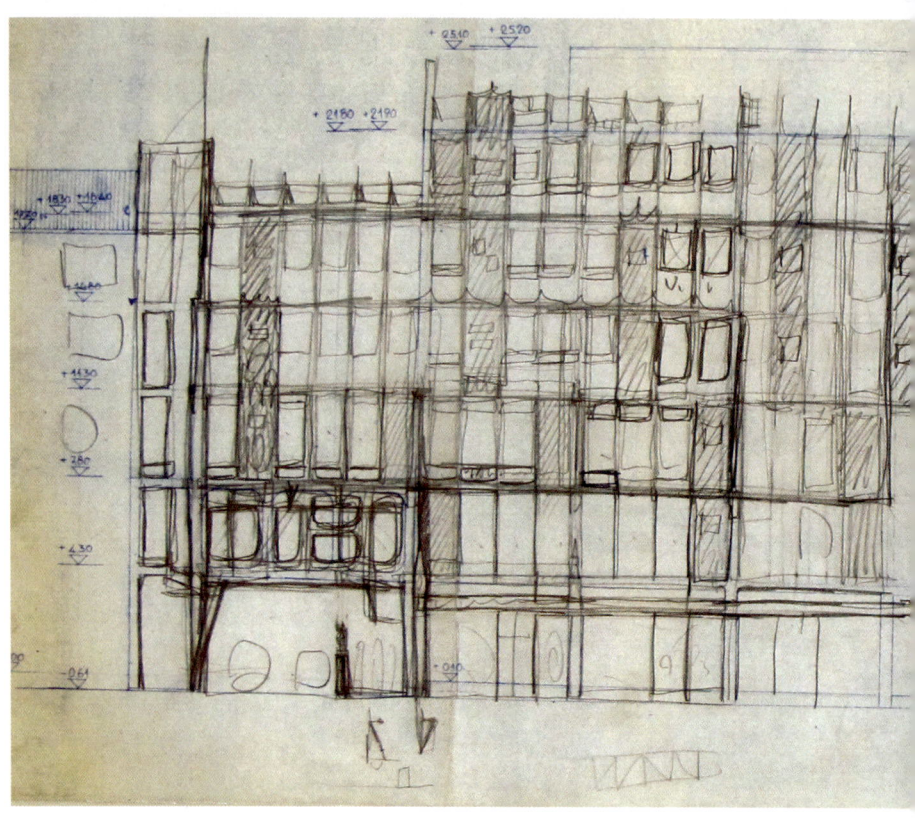

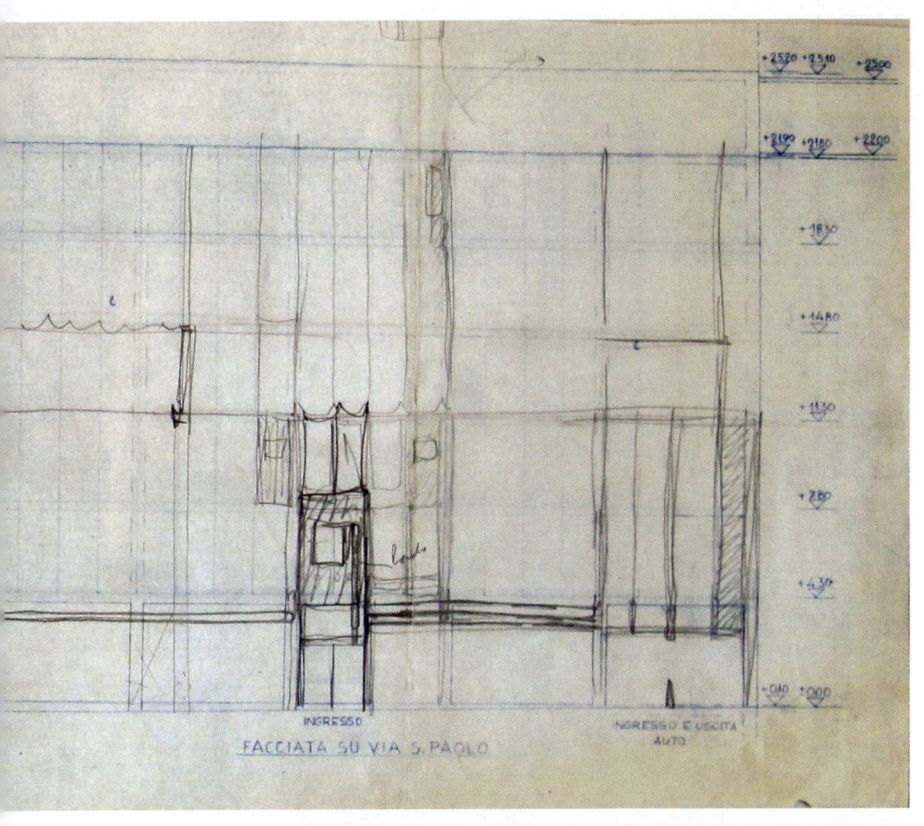

Giò Ponti, Study for the facade of the INA building on via San Paolo, Milan, 1963-67 (Source: Ponti Archives, CSAC Parma)

apartment building on via Lanzone, 1953, in addition to those above), designed facades according to abstract principles ascribable to the graphic arts, in which saturation through voids and measured irregularity produced an alienating atmosphere.

Within this framework, Maria Vittoria Capitanucci talks about the international relations that exist between some of these works and their protagonists and a wider cultural context of the period following the Second World War.

Orsina Simona Pierini, also avoiding the mere description of particular cases, uses the important Milanese experience to rethink several "universal" suprahistorical aspects of the architectural composition, particularly concerning the work of the facade: the relationship that the "elevation" establishes with the whole project, the volume, and the plan view and then, by extension, with the city. Moreover, she explores the autonomous value of the facade, the subordinate or contemporary relationships within the design process that affect the composition of the plan view, the interior, and its external image and, ultimately, the achievement of the material dimension of the building, removed from the abstraction of the drawing.

Orsina Simona Pierini. Associate Professor of Architectural and Urban Composition at the Politecnico di Milano. On the subject see S. Pierini, *Sulla facciata. Tra architettura e città*, Maggioli Editore, 2008 and B. Melotto, O. S. Pierini, Housing primer. *Le forme della residenza nella città contemporanea*, Maggioli editore, 2012.

Maria Vittoria Capitanucci. Adjunct Professor of The History of Architecture and Design at the Politecnico di Milano. On the subject see M. V. Capitanucci, *Il professionismo colto nel dopoguerra*, Order of Architecture of Milan, Abitare-Segesta ed. 2013 and M. V. Capitanucci, *Vito e Gustavo Latis. Frammenti di città*, Skira December 2007.

Conversation with Maria Vittoria Capitanucci

Milan has a historically international calling: from the construction of the "modern" Fabbrica del Duomo to the building of the utopian visions of Filarete, who was not Milanese; from the work of Leonardo to the classicist spirit of the Bramantesque Renaissance; and, moreover, from the Northern European Neoclassicism that redesigned the most representative buildings to the French style of the great urban transformation around Sforza Castle. Finally, the 20th century began with a "Liberty style" that looked at the irreconcilable languages of French Art Nouveau and the Vienna Secession and would thus proceed to the threshold of the new millennium with increasingly strong contact with the rest of Europe and the world, thanks to large world fairs and new cultural situations.

Speaking of which, the Triennale played a fundamental role and became one of the main places of dissemination, particularly with the presence of some leading figures.
As early as its birth in 1933, the Triennale gathered groups of leading figures in the decorative and visual arts and architecture from all over Europe. The passage of figures such as A.P. Berlage or A. Perret, then of the early rationalism of W. Gropius, Le Corbusier, and Wrightian proposals, would prepare the Milanese architects to form their own personal variant of suggestions from Europe and beyond, even in the midst of the Fascist

regime. Thus, after the war, when opening up to the rest of the world became more evident and necessary, together with the staging of an economic and political recovery, looking elsewhere would become the prerogative of many. In 1933, at the *Réunion Internationale d'Architectes* dedicated to the theme of Architecture Schools, together with the most important voices of the time, a very young E. N. Rogers made his debut here, as the R of BBPR, a group of architects that would express, more than others, a strong aspiration for internationalism. We need to reinterpret his work in this sense, as the product of a perceivable and constant relationship with the international intelligentsia.

His family background, his fundamental role in CIAM events, his cultural curiosity, and his ability to attract the most interesting 'travellers' to their studio on via dei Chiostri would be important factors for exchange and openness. "Casabella-Continuità", the magazine edited by Rogers from 1954-64, was bilingual almost from its beginning. Rogers, moreover, was also a key figure in terms of relations with younger and more critical generations of architects (Team X) and BBPR's relationship with the New York scene would be even more fundamental, revolving around Rizzoli and the MoMA (see the Fifth Avenue site, created with Constantino Nivola, the poetic *"Labirinto dei ragazzi"* at the 10th Triennale in 1954, and the US Pavilion built inside Parco Sempione in the previous edition, for the 9th Triennale in 1951).

How did all this materialize in planning?
Starting from the passion for metal structures already expressed in the sun therapy centre in Legnano, with the 'dual' facade of iron pillars, which certainly expresses a more 'Miesian' splendour compared to the choices of the time, the journey of the Milan-based group, hanging in the balance between philosophical studies and technical-constructive experimentation, added an ideological and political aspect, also aimed at a "democratization" of the building industry and architecture. This was the basis of the efforts of the group, which by no coincidence had chosen an acronym for its name so as to have a certain anonymity, regarding the theme of prefabrication, which became a vehicle and element of connection between seemingly distant design opportunities, and regarding social housing, which was only apparently in contrast with their efforts directed towards the luxury of upper middle class residences, such as the gorgeous complex on via dei Chiostri, where greenery, prefabricated cement panels, metal grilles and traditional copper gabled roofs came together to create timeless elegance.

Who were the other key figures and references?
The "Barons in the Trees", who were protagonists of that time in Milan, and with them a long list of 'learned professionals', were not all hanging in the "balance between modernity and tradition (which one anyway: Lombard? Romanesque? Baroque?)", as they often love to say about their works, or rather, perhaps they were, with each looking for their own point of reference. So it was about looking at models that were very distant among themselves, which didn't necessarily belong to the Milanese tradition. What distinguishes the research of L. Caccia Dominioni (whose proximity to the Italian Grigioni culture is often confused with a passion for the Lombard Romanesque) or I. Gardella (who never forsook the rationalist mark or the detail and materials of Genoese Renaissance buildings) differs from the Northern European elements, particularly Scandinavian ones, that we find in some works by V. Magistretti (the freshly undulating glazed foyers of Torre al Parco or corso Europa) or by V. and G. Latis (the projecting roof of the apartment building in piazza della Repubblica and the wooden panelling of the foyers on via Turati or via Lanzone).
The Anglo-Saxon post-war experience is more evident in some projects by BBPR, the Velasca Tower first of all, and also by Magistretti himself in the 'brutalist' towers in piazzale Aquileia and the red building in piazza San Marco, where he created a courageous out-of-scale construction worthy of the best "radical" studies of that time in the 1960s.
What should we say then, in the wake of the best international research, about the prefabrication work carried out by a mixed group of designers – from M. Zanuso and E. Gentili Tedeschi to G. Tevarotto and A. Rosselli – in the field of productive but also residential building (the FEAL systems, even tackled by Giò Ponti), to which we can add the dazzling duo A. Mangarotti and B. Morassutti (the latter having passed through the entourage of F. L. Wright) with prefabricated panel systems for the creation of their magnificent residential buildings on via Quadronno and via Gavirate at the beginning of the 1960s?
The abstract language of C. Asnago and M. Vender also leads us to their beginnings with the French experience of A. Perret or R. Mallet-Stevens to then find fertile ground in the coeval research of Swiss and German designers, with their sophisticated production of the whole block on via Albricci or of the XXI aprile apartment building, which is an icon of that 'non-Milanese' style of the 1950s which paradoxically became one of its distinctive features.
Not to mention the rupture represented by the iconic building of the

former Palmolive complex by Luigi Moretti (1954) in corso Italia, where the world of Michelangiolesque plasticity embraces an expressive study that, passing through his experiments for the E42, would lead the master to the Roman apartment building denominated 'Il Girasole' and from there to the Watergate complex (with P. L. Nervi) in Washington.
And we've come full circle.

What were the other dissemination channels?
It is needless to say the journalistic attention that these works received at their time, often also being published in international magazines, especially European ones, such as "L'Architecture d'aujourdhui", "Architectural Review" or "Architectural Record". Figures the likes of G. E. Kidder Smith would become passionate about the Italian situation, writing about it in terms of internationality of language softened by an intense heritage and taken up with cultured modernity, in his *Italy Builds - Italia Costruisce*, published in 1959 by the Comunità editions of the great Olivetti, a figure whose views went far beyond the boundaries of his Ivrea.
The American Esther McCoy, known primarily for her work on California modernism and its key players, also wrote extensively about Italian architecture, firstly for the "Los Angeles Times Home Magazine" and for other important American newspapers following a number of trips made in the 1950s and 60s, and curated an exhibition and important catalogue entitled *10 Italian Architects* at the *Los Angeles County Museum of Art* (15th February - 2nd April 1967). The exhibition presented the works of C. Scarpa, V. Viganò, G. Valle, A. Mangiarotti, A. Rosselli, G. De Carlo, L. Ricci, L. Fiori, F. Albini, F. Helg and, last but not least, BBPR, whose image of the Velasca Tower in the historic setting of Milan's skyline was chosen for the book cover and exhibition poster. It is an iconic image of the city today. Perhaps the detached view of a foreign critic had precociously read into the international potential of that strange Milanese style.

Milan, 12 September 2016 and 20 February 2017

V.G. Latis, Apartment building on via Lanzone, 1952
(from M.V. Capitanucci, *Vito and Gustavo Latis, Frammenti di città*, Milan, Skira, 2007)

Conversation with Orsina Simona Pierini

The first aspect I would be interested in discussing concerns the relationship that the "facade" or "elevation" establishes with the whole project, identifying, in a simplified manner, two possible relationships: one directly related to the volume, plan view, and typology; the other, autonomous and independent.
When I think about the facade, the first thing I literally see is a section, which identifies and highlights the line containing the body of the building and, at the same time, stands out against the background. Today this line has also become a thickness, a large measurement, containing technical elements or living spaces. There is, in fact, a significant difference between the elevations of public buildings and the facades of collective residential buildings. In the current public building, which is often unique and isolated, the play on volume makes the role of the main facade less evident, if not by the choice of the architect, who may wish to represent the issues that a building evokes through its presence in a certain place.

I'm thinking about the Civil Government of Tarragona by Alejandro de la Sota, where the history of the city, the functional issue, and the relationship with the arts have been summarized in carved-out material, in a volume that is balanced and compact at the same time. It is an "uncomfortable" building in many respects and not just the more evidently political ones; a hybrid function, with the governor's office at the bottom and residences on the upper floors, as well as an alienating setting led the architect to hide the typological differences and work on the choice of material — slabs of local stone — which allowed him to create lateral elevations "drawn" onto the sides, creating contrast with the depth of the loggias on the facade.

In the Murcia City Hall by Moneo, the facade instead becomes an autonomous body, which seems to be detached from the building as a whole, also because of its depth, which provides a gallery of loggias opening onto the Cathedral Square. In this case, the architect embarks on a refined game of figure drawing, which intersects wall system and trilithon, working with contemporary tools on otherwise classical elements.

I would like to outline just some aspects of what seems to me to be one of the most complex themes emerging from this reasoning, that is to say, the relationship the facade has with the city and its role as an interface between the architecture and a wider built environment.

The city is largely made up of residential fabric and the facade of the urban home plays a fundamental role in defining its image: historically, the sequence of terraced houses or the repetition of blocks were substantially based on the common adornment of regular but varied facades.

The contemporary city retrieves some features of traditional urban home architecture and combines them with several modern achievements: the most recent works, including new complexes in France or the Netherlands, work with an awareness of the possible variations obtained by juxtaposing different scales, by highlighting the internal mix in the facade, or using the theme of compliant height in the recovery of the view overlooking the street.

In studying contemporary residential architecture, we actually identify some compositional themes rooted in a conscious and moderate modernity that is well represented by the case of modern Milan. From Cà Bruta by Muzio until the late 1960s, it is possible to trace the various studies conducted, not so much on a unified image of the modern city, but on the many figures that the composition of the research into the home and its urban facade suggested. The twentieth century, with the abstraction of the facade, which became a plane to be drawn and the first decompositions of volumes by Terragni in the period between the two wars, actually opened the field to a study that was completed in the 1950s and 60s, with the emptying of the facades, the role attributed to transparency, and the compositional freedom of the axes and weight of solids and voids.

Continuing on the line previously traced out, an interesting endeavor could be to identify at what point the composition of the elevation comes into the development of the conceptual/design process and how it relates to its material dimension.

In the context of Milan, typological research found its fulfillment in the facades: there's a strong integration between the study of dwellings and their urban frontage.

In the best cases, research into the themes of living provided the topics that the facade narrates: we need only think of Loos' legacy in the carved out volumes of the Meridiana by De Finetti or, in a very different way, the play on volume that Magistretti used on the balconies of his apartments.

In other cases, the facade is an abstract surface on which to compose solids and voids with artistic sensitivity: the "tableaus" of Asnago Vender are well-known, among which I would dwell on the rear facade of the home on via Lanzone, in which the abstract compositional game becomes tangible in the excavation of loggias, in a sophisticated balance between trilithon and wall.

On via Nievo, Luigi Caccia Dominioni also chose the figure of a large compact block horizontally excavated from the different spatiality of unique dwellings: at that time, the search for a customized home became an opportunity for a very interesting formal study of the characteristics of unity and solidarity in complexity.

Closed and synthetic figures created contrast with more fragmented and analytical facades: some compositional tools were tested, including the theme of the loggia, which made the apartments flow and move along the extent of the belt course and which found in the many examples by Gardella, Caccia Dominioni, and even Mangiarotti and Morassuti, variations whose materiality was very diverse.

In these cases, the research into detail and architectural aspects is substantial — we need only think about the richness of the design solutions of the belt course. Gardella used the rain gutter to create the fine moulding that lightens the massive size of the slab with a shadow, while the facade overlooking via Vigoni, designed by Caccia with long cantilevered balconies, articulates this theme in a more complex way, with the projections creating tension between the internal life and facade, and with the movement of the slender cantilevered foundations interlaced with vertical surfaces of various materials, reflectance, and colours.

Finally, I would like to explain why we met for the interview in front of a house whose majestic facade completes the whole of piazza Mirabello in Milan. Long wooden shutters appear to slide along a large belt course, which a careful study of the section reveals to also be a low railing provided to the internal dwelling. The result is an assertive volume, with a facade design that works on the horizontality of the modern, on the apparent variation between floors, on the large shadow of the roof cornice that closes the figure with the exceptionality of its emptied corners. It is a 1968 project by Jan Battistoni, an architect of Norwegian origin, as the use of wood reminds us, which I

Caccia Dominioni, via Vigoni, Milan
(from O. S. Pierini, A. Isastia, *Case Milanesi 1923-73*, currently being published)

chose to represent a tradition of work on the facade, which in Milan until the 1960s was not only the rarity of known masters but a profession that turned attention to detail and to architectural aspects, such as the shadow of moulding, into a value for the whole urban facing.

Milan, 23 September 2016

Jan Battistoni, piazza Carlo Mirabello, Milan, 1968
(photograph by Orsina Simona Pierini)

Bibliography

J. Ortega y Gasset (1914), *Meditaciones del Quijote* [English edition: *Meditations on Quixote*], Publicaciones de la Residencia de Estudiantes, Madrid; Italian translation: *Le meditazioni del Chisciotte*, Guida Editori, Naples, 1986.

A. Behne (1926), *Der Moderne Zweckbau* [English edition: *The Modern Functional Building*], Drei Masken Verlag, Munich-Vienna-Berlin 1926; Italian translation: *L'architettura funzionale*, Vallecchi Editore, Florence, 1968.

M. Merleau-Ponty (1945), *Phénoménologie de la perception* [English edition: Phenomenology of Perception], Gallimard, Paris; Italian translation: *Fenomenologia della percezione*, Bompiani, Milan, 2003.

R. Arnheim (1962), *Picasso's Guernica: The Genesis of a Painting*, University of California Press, Berkeley; Italian translation: *Guernica, genesi di un dipinto*, Feltrinelli, Milan, 1964.

C. Rowe, R. Slutzky (1971), *Transparency: Literal and Phenomenal. Part II*, "Perspecta", no. 13-14, pp. 287-301.

Berlin Alt und Neu, "Lotus", no. 13, 1976, pp. 24-54.

C. Rowe (1976), *The mathematics of the ideal villa and other essays*, MIT Press, Cambridge-London; Italian translation: *La matematica della villa ideale e altri scritti*, edited by Paolo Berdini, Zanichelli, Bologna, 1990.

M. Schneider (1976), *Entwerfen in der historischen Straße, Arbaiten des IDZ Symposiums im Herbst 1975 zur baulichen Integration Alt-Neu*, Abakon Verlag, Edition Lichterfelde, Berlin.

A. Colquhoun (1989), *Architettura moderna e storia* [English edition: *Modern Architecture and Historical Change*], Laterza, Bari.

A. Colquhoun, *Conflitti ideologici del moderno*, "Casabella", no. 520/521, 1986, pp. 11-18.

C. Norberg-Schulz (1986), *Il mondo dell'architettura. Saggi scelti* [English edition: *Architecture: meaning and place: selected essays*], Milan, Electa, p.22.

R. Krier (1988), *Architectural Composition*, Academy Edition, London.

C. Zucchi (2002), *CopyCut*, Marsilio, Venice.

K. T. Brenner, H. Geisert (2004), *Das städtische Reihenhaus. Geschichte und Typologie*, Karl Krämer Verlag, Stuttgart.

P. Eisenman (2004), *Giuseppe Terragni trasformazioni scomposizioni critiche* [English edition - *Giuseppe Terragni: Transformations, Decompositions, Critiques*], Quodlibet, Macerata.

R. Moneo, *Sul concetto di arbitrarietà in architettura*, "Casabella", no. 735, 2005, pp. 22-33.

G. Carnevale (2006), *A regola d'arte*, Officina Edizioni, Rome.

M. Vitta (2008), *Dell'abitare. Corpi spazi oggetti immagini*, Einaudi, Turin.

F. Gulinello (2010), *Figurazioni dell'involucro architettonico*, Alinea editrice, Florence.

R. Moneo (2012), *L'altra modernità. Considerazioni sul futuro dell'architettura*, Christian Marinotti Edizioni, Milan.

P. Eisenmann (2014), *Inside Out*, Quodlibet, Macerata.

V. Gregotti (2014), *Il possibile necessario*, Bompiani, Milan.

G. Marzari, curator (2014), *Mario Radice, Architettura, numero colore*, Mondadori Electa, Milan.

F. Bilò (2015), *Ordinario è il contrario di straordinario. Ipotesi di lavoro*, "Piano Progetto Città", vol. 29-30, List ed., pp. 6-21.

M. Roda, *Biennale 2016: è finita l'epoca delle archistar*, "Il giornale dell'Architettura", 26th May 2016 (http://ilgiornaledellarchitettura.com/web/2016/05/26/biennale-2016-e-finita-lepoca-delle-archistar/).

Milanese Architecture

G. Ponti, *Dove far andare l'architettura*, "Domus", no. 239, 1949, pp. 1-9.

Immeuble mixte a Milan, Luigi Figini, Gino Pollini, "L' Architecture d'aujourd'hui", no. 31, 1950, pp. 62-63.

R. Menghi, M. Zanuso, *Una nuova architettura nel vecchio centro di Milano*, "Domus", no. 242, 1950, pp. 1-8.

Immeuble de bureaux, Milan, R. Menghi et M. Zanuso architectes, "L'architecture d'aujourd'hui", no. 48, 1953, pp. 52-53.

G. De Carlo, *Casa in condominio a Milano*, "Casabella-Continuità", no. 202, 1954, pp. 4-9.

R. Menghi, *In una nuova casa*, "Domus", no. 290, 1954, pp. 33-40.

C. Perogalli, *Condominio in via De Amicis a Milano*, "Edilizia moderna" no. 53, 1954, pp. 85-89.

V. Viganò, *Quelques exemples d'habitations collectives en Italie: Immeuble a Milan*, "L'Architecture d'Aujourd'Hui", no. 57, 1954, pp. 84-85.

G. Ponti, *Paesaggio moderno di Milano*, "Domus", no. 313, 1955, pp. 7-10.

R. Bazzoni, *Gioco coloristico in una costruzione*, "Edilizia moderna", no. 61, 1957, pp. 77-80.

I nuovi edifici di uno stabilimento e di una casa d'abitazione a Milano dell'architetto Luigi Caccia Dominioni, "Casabella Continuità", no. 217, 1957, pp. 42-52.

R. Pedio, *Recenti realizzazioni milanesi*, "L'Architettura cronache e storia", no. 35, 1958, pp. 317-321.

L. Ronchi, *Edilizia colta a Milano: l'architetto Vito Latis*, "L'architettura cronache e storia", no. 38, 1958, pp. 532-548.

L. Caccia Dominioni, *A Milano, una zona della città si trasforma*, "Domus", no. 403, 1963, pp. 11-16.

E. Gentili, *Alcune recenti opere dell'architetto Luigi Caccia Dominioni*, "Abitare", no. 13, 1963, pp. 2-27.

A. Mendini, L. Licitra Ponti, *Tre pareri e una casa*, "Modo", no. 43, 1981, pp. 39-45.

A. Samonà, *Ignazio Gardella e il professionismo italiano*, Officina Edizioni, Rome, 1981.

G. Polin, *Un architetto milanese tra regionalismo e sperimentazione: Luigi Caccia*

Dominioni, "Casabella", no. 508, 1984, pp. 40-51.

F. Irace, *Il fascino discreto dell'architettura*, "Ottagono", no. 91, 1988, pp. 52-63.

G. Muratore, A. Capuano, F. Garofalo, E. Pellegrini (1988). *Italia. Gli ultimi trent'anni. Guida all'architettura moderna* [English edition: *A Guide to Modern Architecture: Italy in the Last Thirty Years*], Zanichelli, Bologna.

M. Rebecchini (1990). *Architetti italiani 1930-1960, Michelucci, Libera, Ridolfi, Gardella, De Carlo, Aymonino, Rossi*, Officina edizioni, Rome.

V. Savi (1990). *Figini e Pollini. Architetture 1927-1989*, Electa, Milan.

S. Ghanbari, M. Del Re, *Gardella e Milano. Itinerario 67*, "Domus", no. 726, 1991, pp. XI-XIII.

P. Zermani (1991). *Ignazio Gardella*, Laterza, Rome-Bari.

S. Guidarini, P. Salvadeo, M. Zerilli, *Minoletti a Milano, Itinerario n. 115*, "Domus", no. 774, 1995, pp. 115-122.

M. Morresi, *Lezioni di architettura di Ignazio Gardella*, "Zodiac", no. 14, 1995-1996, pp. 62-89.

V. Gregotti, G. Marzari, editors (1996). *Luigi Figini e Gino Pollini. Opera completa*, Electa, Milan.

F. Irace, S. Crotti, *Maestri milanesi. Vito Latis e Vittoriano Viganò*, "Abitare", no. 349, 1996, pp. 139-143.

E. Triunveri, *Caccia Dominioni a Milano. Itinerario 131*, "Domus", no. 790, 1997, pp. 107-114.

E. Triunveri (1997). *Edificio per uffici ed abitazioni, piazza della Repubblica-via Montesanto, Milano*, in A. Bugatti, L. Crespi (editors), *Sapienza tecnica e architettura. Milano-Pavia, 1950-1980*, Alinea, Florence, pp. 55-58.

M. De Giorgi, editor (1999). *Marco Zanuso architetto*, Skira, Geneva-Milan.

C. Bertelli (2000). *Roberto Menghi*, Electa, Milan.

G. Gramigna, S. Mazza (2001). *Milano: un secolo di architettura milanese dal Cordusio alla Bicocca* [English edition: *A Century of Milanese Architecture*], Hoepli, Milan.

N. Braghieri, *Luigi Caccia Dominioni / Milano*, "d'Architettura", no. 19, 2002, pp. 72-83.

F. Irace, *LCD. Luigi Caccia Dominioni*, "Abitare", no. 423, 2002, pp. 60-67.

F. Irace, *L'occhio di ieri, gli occhi di oggi*, "Abitare", no. 432, 2003, pp. 316-329.

A. Monestiroli (2009). *Ignazio Gardella*, Electa, Milan.

M. Montagna (2009). *Architetture di Giulio Minoletti*, Shin Production, Brescia.

D. Kohn, F. Somaini, *Luigi Caccia Dominioni. In movimento*, "Abitare", no. 525, 2012, pp. 108-117.

M. Biraghi, G. Lo Ricco, S. Micheli, editors (2013). *Guida all'architettura di Milano 1954-2014* [English edition: *Architectural Guide to Milan 1954-2014*], Hoepli, Milan.

C. Sumi, A. Viati Navone editors (2014). *Giulio Minoletti. Architetto, urbanista e designer*, Mendrisio Academy Press, Silvana editoriale, Milan.

A. Sartori, S. Suriano, B. Palazzi, editors (2015), *Itinerari di Architettura milanese. L'architettura moderna come descrizione della città*, Foundation of the Order of Architects, Planners, Landscape Architects and Conservators of the province of Milan, Milan:
M. Borsotti, C. Camponogara, *La Milano di Vetro*; P. Brambilla, *Il condominio milanese*; C. Camponogara, M. E. Dulbecco, *Arte e architettura*; M. V. Capitanucci, *Il professionismo colto nel dopoguerra*, Solferino edizioni, Milan 2015; M. V. Capitanucci, *Una città d'argilla. Il clinker nell'architettura moderna milanese;* A. Gavazzi, M. Ghilotti, *Luigi Caccia Dominioni*, Solferino edizioni, Milan 2014; F. Irace, M. Leoni, *Gio Ponti;* M. C. Loi, *Giulio Minoletti e Milano;* L. Montedoro, *I luoghi del lavoro;* G. Ottolini, C. Camponogara, E. Demartini, *Carlo De Carli a Milano;* G. Polin, *Figini e Pollini;* P. Vitillo, F. Ferrari, *Brera-Garibaldi. Città storica, moderna e contemporanea.*

Iconographic sources

p. 21, pp. 30-39: M. Schneider (1976) *Entwerfen in der historischen Straße, Arbaiten des IDZ Symposiums im Herbst 1975 zur baulichen Integration Alt-Neu*, Abakon Verlag, Edition Lichterfelde, Berlin.

pp. 40-47: Robert Krier (1988). *Architectural Composition*, Academy Edition, London

pp. 48-57: K. T. Brenner, H. Geisert (2004). *Das städtische Reihenhaus. Geschichte und Typologie*, Karl Krämer Verlag, Stuttgart.

Italian text

Introduzione

L'architettura appare. L'architettura può mostrarsi, per certi versi come un volto, esibendo lineamenti scarni e affilati, superfici ruvide e contratte, piani dai colori tenui o accesi, elementi dai ritmi più o meno riconoscibili, e nel fare ciò comunica il proprio carattere. In questo senso la facciata di un edificio, al contrario del suo prospetto, è in grado di manifestare una serie di significati, consegnando l'edificio al ruolo che gli è stato affidato all'interno della società a cui esso è destinato.[1]
Facies si riferisce in questo contesto alla capacità che ha l'architettura di far interagire, attraverso il suo aspetto esteriore, la spazialità dell'edificio e il contesto all'interno del quale esso si colloca.
Restituire la facciata al mondo dei significati significa spostare l'edificio dal ruolo di oggetto a quello di soggetto innalzandolo oltre l'esclusiva necessità di assolvere ad una serie di esigenze. L'architettura per essere riconosciuta come tale non deve tuttavia rappresentare, significare, simboleggiare altro da se stessa ma offrirsi per mezzo di un processo generativo della forma che si strutturi e costruisca i propri presupposti all'interno dell'autonomia disciplinare. Il mondo delle forme in questo modo fa riferimento al patrimonio conoscitivo dell'architettura, da cui attinge nutrimento e grazie al quale genera nuove forme.
Se però osserviamo le architetture che popolano le strade e le piazze della città contemporanea ci troveremo spesso di fronte a volti muti oppure a maschere che sembrano talvolta celare il vero "spirito" dell'architettura.[2]
Presentando la Biennale di Architettura di Venezia del 2016 Alejandro Aravena sottolinea come il principale problema della città contemporanea non sia certo da individuare nella presenza delle tanto discusse architetture iconiche, oggetti che esistono e che continueranno ad esistere, quanto nella combinazione di due aspetti decisamente problematici: da un lato il dominio delle logiche legate al profitto e insensibili ai bisogni della società, dall'altro la presenza di un contesto costruito caratterizzato dalla mediocrità e dalla banalità. L'unica via per uscire da questo impasse per Aravena è "lavorare per la qualità", l'unica azione attraverso la quale è possibile reagire è "fare progetti capaci di raccontare storie".[3]
In questo senso il ruolo della ricerca appare centrale solo nel momento in cui gli interrogativi intorno a cui si sviluppa e le ipotesi che disegna contribuiscono ad abbattere le distanze con la realtà. Costantemente sperimentiamo l'estensione dell'orizzonte globale, ed è una delle più importanti conquiste della cultura del nostro tempo, ma simmetricamente constatiamo un impoverimento della qualità ambientale e la perdita di identità dei luoghi del quotidiano.
L'aspetto della città è il più delle volte definito dagli esiti formali di norme e regolamenti che stabiliscono categorie di superfici a cui viene attribuito un valore in termini di oneri. Una logica quantitativa che accentua sensibilmente il proliferare di soluzioni distributive e formali che tendono a massimizzare il profitto fino ai limiti consentiti e oltre. In questo contesto l'efficienza del progetto è misurata in termini di profitto e le soluzioni orientate al massimo sfruttamento delle potenzialità edificatorie.
In un'epoca dove tutto è disponibile in tempo reale e in ogni luogo, in cui siamo vittime

di un'assordante rumore visivo che invade ogni spazio, è urgente innanzitutto che ci riappropriamo della capacità di distinguere, ed è anche in questo senso che la ricerca potrebbe collaborare a orientare le azioni di chi partecipa ai processi decisionali verso una prospettiva di tipo qualitativo.

La misura di quanto la cultura architettonica sia relegata a ruolo marginale nel nostro contesto sociale è resa palese dalla distanza che la separa dalle comuni logiche di mercato. Solo nel momento in cui le indagini teoriche e i processi operativi troveranno effettiva utilità sul terreno pratico sarà possibile continuare a riconoscere un ruolo alla disciplina. E perché questi processi siano effettivamente utili l'idea di sviluppo su cui si fondano dovrà necessariamente rinunciare all'esclusività del suo legame con gli aspetti quantitativi ed economici per accogliere la capacità di comprendere le cose e il contesto all'interno del quale esse si collocano in una prospettiva basata su principi di tipo qualitativo.

Oltre ogni tentazione di concepire l'architettura come episodio artistico, autoreferenziale, prepotente forma di auto-espressione, giustificando la spettacolarità e la trasgressione come normali consuetudini, ma anche oltre la fredda tecnica e la pretesa di individuare soluzioni oggettive per mezzo di strumenti scientifici[4], il processo progettuale non può che porsi come una questione di scelte che implicano decisioni e trasformazioni. Se progettare significa essenzialmente "scegliere" la conoscenza è alla base di ogni proponimento qualitativo: non è possibile scegliere senza conoscere. Ma perché la nostra scelta risulti libera dagli inconsapevoli condizionamenti delle mode essa non può essere intesa come "libertà dalle forme" ma, piuttosto, come "libertà di scelta in un ambiente qualitativo".[5]

Lungo questo solco intende collocarsi la presente pubblicazione, esito di un'indagine dedicata all'architettura della facciata che pone una serie di interrogativi sul ruolo del progetto nella città contemporanea con l'intento di offrire una sollecitazione, un invito ad alzare lo sguardo oltre la linea dell'orizzonte quotidiano sforzandosi di fissare alcuni dettagli e penetrare oltre le apparenze della superficie senza proporre formule certe o risposte immediate. Le architetture che popolano la città celano spesso, oltre la maschera attraverso la quale si relazionano con lo spazio pubblico, contenuti impercettibili, forse per distrazione, per disinteresse, o anche per incapacità, come se si fosse interrotta la relazione fra oggetto e soggetto, e con essa si fossero perduti una serie di significati, isolando il volto dell'architettura in un silenzio che esalta la fissità della sua immagine.

A questi contenuti la ricerca cerca di rivolgere la propria attenzione utilizzando lo strumento della rappresentazione, e in particolare il modello, per indagare una serie di casi studio estrapolati dalla contemporaneità rivelando i mondi di forme che li popolano, ossia sperimentando ciò che Magritte definiva "esplorazione conoscitiva della realtà", e ritrovando frammenti di quello stesso mondo all'interno di una serie di facciate che appartengono ad un contesto temporale e spaziale diverso, la Milano degli anni Cinquanta e Sessanta.

La trasposizione delle immagini offre allo sguardo modalità inedite di lettura, utilizzando strumenti che rendono possibile l'avvicinamento, il confronto, la comparazione. L'omogeneità dei materiali e delle tecniche di rappresentazione inoltre annulla le differenze per mettere in evidenza le possibili relazioni formali, le analogie, i principi che risiedono alla base di ogni struttura compositiva. La serie dei modelli che rappresentano le facciate oggetto di studio assume perciò valore proprio dall'insieme che costruisce. Come amava sottolineare Picasso "l'elemento più significativo nella creazione non consiste in un lavoro singolo o nella somma di tutti i lavori ma nel processo di fluttuazione e di continua trasformazione offerto dalla sequenza dei tentativi".[6] Forse proprio in questo senso potremmo riconoscere come una sorta di opera corale le esperienze di un gruppo di architetti milanesi che colgono la ricostruzione come un'opportunità per ridefinire con interventi puntuali il volto della città e realizzano, in quell'occasione, delle architetture non solo di straordinaria qualità e attualità ma anche di una certa "familiarità" con alcuni dei repertori formali ricorrenti nelle esperienze dell'architettura contemporanea internazionale.

1. FORME

1.1 La facciata come tema

L'esigenza di assecondare le necessità espresse dalla società moderna, legate a una serie di cambiamenti di natura tecnica e sociale, avevano condotto nel Novecento alla sperimentazione di nuovi linguaggi, nel tentativo di esprimere lo *Zeitgeist*, lo spirito dell'epoca. La naturale opposizione nei confronti di un approccio puramente accademico, il rifiuto di condizionamenti stilistici, l'esigenza di concepire un'architettura basata su principi astratti ed universali, su una presunta oggettività scientifica, avrebbero presto portato a relegare la forma ad un ruolo puramente tecnico, costringendo ogni possibile ulteriore riflessione entro il binomio forma-funzione, in una continua oscillazione fra i due termini.[7]

Funzionalismo e razionalismo rappresentano per questo due punti di vista con cui si è trovata inevitabilmente a confrontarsi la riflessione sul problema della forma nel contesto dell'architettura moderna. Adolf Behne, partendo dal presupposto che il funzionalista cerchi attraverso il progetto la risposta più adeguata ad una specifica esigenza e che il razionalista, invece, persegua l'obiettivo di rispondere al maggior numero possibile di scopi, riconosceva nel primo un'inclinazione al mimetismo e nel secondo, al contrario, una sorta di apertura nei confronti del gioco e della forma. Tuttavia, secondo il critico tedesco non solo la questione della forma appare centrale in questo contesto ma la predilezione del razionalista nei suoi confronti racchiude una spiegazione molto chiara: "La forma, in effetti, appare con l'instaurarsi dei rapporti umani; l'individuo isolato, solo in mezzo alla natura, non ha alcun problema di forma. Il problema della forma si pone contemporaneamente a quello dell'associazione di più individui, perché la forma è la condizione che rende possibile la coesistenza. La forma è, per eccellenza, un fatto societario".[8]

Ma se il legame tra forma e società può apparire facilmente intuibile, non altrettanto possiamo dire dei ruoli che essi assumono reciprocamente in una prospettiva di tipo evolutivo. Secondo Françoise Choay "tutti gli autori di vere Utopie attribuivano ad una modalità di organizzazione spaziale una funzione antropogenetica"[9]. Il dispositivo spaziale ha quindi un ruolo prioritario sull'assetto sociale e, come aveva intuito lo stesso Alberti, non è la società a determinare l'organizzazione dello spazio ma è l'organizzazione dello spazio a determinare un assetto sociale.

La lettura proposta negli anni Settanta da Alan Colquhoun sposta il nodo centrale del dibattito che impegna i protagonisti del movimento moderno dal tema della presunta opposizione tra forma e funzione, legata all'idea che le forme architettoniche siano il risultato di una espressione naturale, alla dialettica tra forma e figura, riconoscendo alla forma una dimensione figurativa. In questo modo la riflessione viene traslata sul terreno dei significati e, ancora una volta, del valore culturale che i termini utilizzati assumono: se la forma viene definita come "una configurazione che può essere, in alternativa, dotata di significato naturale oppure del tutto priva di significato" il termine figura designa "una configurazione cui il significato è conferito dalla cultura, e ciò che tale significato sia ritenuto o meno avere, in definitiva, la propria base nella natura".[10]

Il riemergere dell'interesse per le forme del passato attraverso il recupero di riferimenti stilistici manifestato da alcune espressioni dell'architettura a livello internazionale già negli anni Settanta testimonia, quindi, per Colquhoun, l'esigenza di conferire espressione figurativa all'architettura, ossia "di reintrodurre nell'architettura il concetto di figura, e di vedere le configurazioni architettoniche come già pregne di una serie di significati culturali".[11]

La necessità di trasferire dei contenuti ad una forma e di sfuggire gli astratti schematismi spesso prodotti dalla ricerca del nuovo attraverso l'introduzione di apparati decorativi provenienti dal vocabolario dell'architettura classica restituiva un'apparente legittimazione all'arbitraria stravaganza delle proposte progettuali.[12] Prendeva così avvio la stagione del post-modern che avrebbe reso possibile, se non altro, anche se per un periodo limitato, il dialogo fra la cultura cosiddetta "alta" e il gusto comune attraverso la disinvolta rivisitazione di elementi decorativi storici che avrebbero accompagnato per un lungo periodo le sperimentazioni architettoniche.[13]

L'eclettismo postmoderno propone una rivisitazione dei linguaggi del passato che per Vittorio Gregotti asseconda i canoni estetici ad artisti suggeriti dal sistema finanziario. Così "alla tensione verso il "nuovo necessario" per la costituzione dell'opera si è sovente sostituita nei nostri anni la "novità" mercantile, che ordina la riconoscibilità dell'immagine dell'architettura in quanto prodotto (una categoria impropria per l'architettura come pratica artistica), dove la ricerca del disegno è tutta concentrata sulla diversità temporanea e incessante, sulla stravaganza e sulle credenze diffuse dalla comunicazione".[14]

Ma l'elemento privilegiato attraverso il quale si esercita la riconoscibilità dell'immagine architettonica contemporanea, principale veicolo di diffusione delle stravaganze e credenze è la superficie di contatto fra l'architettura e lo spazio urbano, ossia la facciata, il guscio esteriore dell'edificio. La facciata è il luogo di manifestazione pubblica del manufatto architettonico, l'elemento di mediazione con lo spazio collettivo, l'interprete di una relazione tesa a restituire dignità urbana al luogo che abita. Ma la facciata ha anche la capacità di offrirsi "nell'intierezza della sua esteriorità solo nella lontananza ... Quanto più ci si allontana da essa, tanto più la percepiamo come pura architettura, come monumento ... In qualche modo, è proprio questa distanza che affida l'architettura al futuro, alla storia, alla posterità, assicurandone l'immutata permanenza nel tempo".[15]

Proprio in virtù di questo suo ruolo e della sua eccezionale capacità di comunicare, la tendenza ad apparire che spesso emerge dalle sperimentazioni dell'architettura contemporanea trova nella facciata il naturale supporto per l'espressione della spettacolarità, dell'eccezionalità, di un virtuosismo scenografico che poco ha a che fare con le questioni che riguardano la forma dell'edificio e i suoi significati.

1.2. Genealogie della facciata: punti di vista

Tutti sappiamo che il punto di vista determina la visione della realtà, a questo proposito José Ortega y Gasset scriveva: "si prenda una cosa qualunque, le si applichino diversi sistemi di valutazione e si otterranno altrettante cose diverse al posto di una sola."[16]
L'osservazione vale naturalmente anche se la estendiamo all'analisi dell'oggetto architettonico e in particolare, considerato che è argomento d'interesse del presente studio, all'analisi di una facciata.
Questo presupposto spinge a prendere in considerazione una serie di differenti modi di avvicinare, leggere e interpretare la facciata, nella convinzione che ciò che rende interessante un particolare punto di vista sia anche la sua capacità di confrontarsi con la pluralità delle visioni possibili e la ricchezza delle diverse riflessioni messe in campo. In particolare sembra interessante stabilire un confronto con l'approccio suggerito da Colin Rowe e Robert Slutsky, basato su una lettura della struttura formale/percettiva, il metodo morfologico/tipologico proposto da Mathias Ungers, la definizione di un vocabolario di elementi indicato da Robert Krier e la lettura tematica della casa a schiera urbana indicata da Theo Brenner.
I diversi orientamenti di queste ricerche approdano a risultati anche molto diversi e non si possono considerare al di fuori dei differenti contesti temporali e culturali entro i quali si collocano, rimane di grande interesse l'apparato metodologico su cui si fondano e le relazioni fra architettura, città e società che evidenziano.

1.2.1 Trasparenze. Colin Rowe e Robert Slutzky (1971)

L'analisi che Colin Rowe e Robert Slutzky dedicano alla facciata della basilica michelangiolesca di San Lorenzo accompagna il secondo articolo dedicato alla trasparenza, *Transparency: Literal and Phenomenal, Part II*, pubblicato all'interno della rivista "Perspecta" nel 1971.[17]
I due contributi costituiscono una interpretazione dello spazio architettonico moderno sviluppata alla luce di argomenti tratti dalla pittura cubista e dalla psicologia della percezione.[18] Nella visione proposta dagli autori la trasparenza, lungi dall'essere considerata semplicemente come una condizione di non opacità, si configura come vero e proprio strumento di configurazione spaziale.
Se nel primo testo Rowe e Slutzky argomentano, fra l'altro, la distinzione fra la trasparenza letterale dello spazio profondo e naturalistico e la trasparenza fenomenica dello spazio astratto e poco profondo, il secondo si concentra sulla valenza che queste modalità spaziali assumono nelle facciate rinascimentali istituendo un confronto tra la facciata del San Lorenzo e l'incompleto *Victory Boogie-Woogie* di Piet Mondrian. L'analisi, condotta sul piano bidimensionale, privilegia la lettura dei piani elaborando un'interpretazione di tipo fenomenico in virtù della quale "chiunque scelga di esaminare con cura l'incompleto

Victor Boogie-Woogie dal 1943 al 1944 [II] sarà obbligato ad estrarre da esso una serie di trasparenze – di triangoli, forme oblique, a T ad U al punto che si potrebbe dire che la composizione si sviluppi in maniera simile al San Lorenzo".[19]
Secondo l'interpretazione di Rowe e Slutzky San Lorenzo e *Victory Boogie-Woogie* presentano notevoli elementi di diversità, sia a livello formale che di contenuti, tuttavia "sia nel dipinto che nella facciata, si può notare la tendenza dei differenti elementi a costruire, a coordinarsi tra di loro, ad amalgamarsi attraverso la prossimità o il contorno comune in configurazioni più ampie."[20]
L'immagine del modello ligneo della facciata di San Lorenzo si presta particolarmente a chiarire le riflessioni che gli autori sviluppano sulla percezione delle articolazioni spaziali nella composizione di una facciata.
La superficie del muro accoglie in bassorilievo l'organizzazione strutturale degli elementi verticali delle colonne e delle paraste, tra le quali si sovrappongono in senso orizzontale sequenze di architravi e un frontone centrale. Tutto molto semplice e ovvio, come scrivono gli autori, ma se osserviamo con attenzione questi elementi cominceremo a notare le trasposizioni che l'organizzazione della struttura compositiva suggerisce. Questo ci permetterà di viaggiare letteralmente con lo sguardo tra le partizioni spaziali che individuiamo nella composizione della facciata. Ma ci accorgiamo presto che la lettura di queste articolazioni di intervalli spaziali si arricchisce di soluzioni al progredire della nostra indagine visiva. La sequenza delle colonne o pilastri si alterna contribuendo alla percezione di una griglia e definendo tre grandi intervalli spaziali sottolineati dalla presenza del frontone, ma se individuiamo visivamente le coppie di colonne e paraste come elementi distinti, ecco che possiamo leggere la facciata non più secondo una divisione tripartita ma quadripartita.
Risulta evidente quanto esteso possa risultare il repertorio delle molteplici interrelazioni individuabili tra le figure della facciata e come questa interpretazione risulti sostanzialmente arbitraria per gli autori, tanto da non scegliere una lettura personale evidenziando, piuttosto, alcune fluttuazioni tra le figure che risultano più evidenti (ad esempio sagome ad H o a T, di tipo cruciforme o assi paralleli, ecc.).

1.2.2 Morfologie. Oswald Mathias Ungers (1975)

Nell'autunno del 1975 (29/9 – 3/10) l'IDZ promuove il simposio dal titolo "Berlin - Alt und Neu / Sull'integrazione dell'architettura moderna con strutture antiche"[21] dedicato all'elaborazione di una serie di proposte progettuali alternative al piano già esistente per il risanamento dell'area Landwehrkanal Sud a Berlino-Kreuzberg.[22]
I cinque architetti invitati, Gottfried Böhm, Vittorio Gregotti, Charles Willard Moore, Alison e Peter Smithson e Oswald Mathias Ungers, elaborano i progetti all'interno di un laboratorio di progettazione denominato "Struttura urbana - forma della città" organizzato nel 1976. Al termine dei lavori i progetti vengono esposti al pubblico.
Il caso di Berlino si presenta come condizione esemplare per la riflessione teorica sugli aspetti che riguardano l'integrazione dei nuovi edifici con il tessuto della città storica. Dello spazio urbano, che dipende dall'architettura che lo delimita e da cui assume definizione, devono essere preservate le specifiche qualità, ma il sistema formale non può replicare un apparato di forme del passato, deve necessariamente denunciare

l'appartenenza al proprio tempo. La questione che si pone riguarda proprio la definizione della facciata urbana, che assume per certi versi una sua condizione autonoma, fino a definire uno specifico tema di indagine.

La condivisione dello stesso spazio di lavoro favorisce certamente la discussione e la condivisione di alcuni elementi di partenza. La questione dello spazio interno al blocco degli isolati, ad esempio, viene presa in esame da tutti i progettisti. Appare naturale condividere l'idea di svuotare la maggior parte del lotto, ma allo stesso modo si rende necessario prendere in considerazione quanto può essere recuperato al suo interno per ottenere uno spazio multiforme di condivisione sociale. Allo stesso modo tutti concordano su quanto affermato da Norberg-Schulz, per il quale non è corretto trattare isolatamente la facciata ma è necessario prendere in considerazione ciò che si trova davanti alla facciata, la facciata stessa e ciò che si trova dietro ad essa. Diverse saranno invece le soluzioni individuate in termini di modalità di applicazione di regole o soluzioni formali specifiche.

Nel lavoro di Vittorio Gregotti è possibile intravedere una ricerca del risultato che passa da un'indagine generale, con riflessioni che si interrogano sulle modalità di conservazione delle aree storiche urbane e sulle motivazioni su cui esse si fondano, per poi spiegare per mezzo di aforismi i dettagli di un'indagine formale. Per Gottried Böhm e Charles Moore l'operazione quasi si inverte: l'indagine sulle facciate storiche esistenti porta direttamente allo sviluppo del dettaglio formale. Alison Smithson sceglie di introdurre "una metafora allo scopo di collegare il vecchio col nuovo sistema" inserendo l'elemento del viadotto romano che utilizza come citazione e che gli permette di indagare possibili diverse relazioni tra passato, esistente e progetto.

Mathias Ungers si pone nella condizione di elaborare un metodo cercando di individuare un sovra-sistema che analizzi gli elementi morfologici e tipologici per dedurre un vocabolario. A partire da un sistema più semplice e orientandosi verso uno sempre più complesso indaga le diverse possibilità che si definiscono a seconda di ogni specifica condizione.

Ungers indaga innanzi tutto la morfologia dell'isolato esplorando le varie fasi della sua evoluzione, dalla condizione originaria alla graduale saturazione dello spazio interno o, al contrario, lo svuotamento con l'introduzione di un parco, per poi esplorare una serie di modificazioni morfologiche fino a considerare la completa frammentazione dell'isolato stesso, con il dissolvimento dei blocchi e la loro sostituzione con edifici indipendenti, dal carattere molto individualizzato, costruzioni molto vicine al modello della villa isolata.

Con metodo rigoroso esplora alcuni repertori morfologici di facciate, a partire da strutture compositive molto semplici, articolate dalla relazione muro/bucatura percorrendo i diversi possibili processi di modificazione (dilatazione delle aperture, restringimento, suddivisione ritmica o distribuzione irregolare) e individuando principi di combinazione degli elementi che si strutturano, ad esempio, secondo partizioni, griglie o disposizioni gerarchiche. Fino ad esplorare la citazione storica con l'inserimento nella facciata di elementi resi particolarmente evidenti da una deformazione dimensionale; in questo modo fregi, modiglioni o colonne ingigantite diventeranno balconi o ascensori in facciata. Ad una analisi molto rigorosa e accurata corrisponde un ricco ventaglio di esplorazioni delle varie soluzioni combinatorie che si presentano come opzioni possibili. La scelta è determinata da un processo metodologico legato da un lato alla tradizione classica, dall'altro all'introduzione di repertori formali definiti come "citazioni storiche". Caratteri tettonici, gerarchie formali, assialità, simmetrie restituiscono l'evidenza di un rigore estremamente razionale accostandosi ad elementi ingranditi in maniera abnorme con il semplice obiettivo di attirare l'attenzione dell'osservatore.

1.2.3 Vocabolari. Robert Krier (1988)

Nel 1988 Robert Krier pubblica il volume *Architectural Composition*. Opera unica nel suo genere, si tratta di un testo di analisi teorica ma anche di analisi visuale in cui viene illustrato dettagliatamente il processo creativo sperimentato dall'autore indagando le relazioni topologiche degli elementi ed i processi metodologici di composizione. Attraverso il potente strumento dell'esempio, arricchito da una grande quantità di disegni dettagliati e di schizzi, Krier presenta una proposta teorica e pragmatica allo stesso tempo, fondata sulla propria esperienza e sulle osservazioni della pratica architettonica. Una posizione in forte contrasto con le teorizzazioni astratte fondate sulla scrittura architettonica ancora ben presenti in quegli anni. Il volume, esito importante di una lunga esperienza di ricerca, si propone come vero e proprio riferimento operativo per studenti e architetti.

Secondo Krier "La facciata è ancora l'elemento architettonico più essenziale capace di comunicare la funzione e il significato di un edificio. Dico 'ancora', avendo in mente la sua distruzione teorica proclamata nel ventesimo secolo in cui l'ideologia dell'oggetto freestanding, visibile da tutti i lati, divenne predominante. La perfezione del corpo edificio aveva la priorità sulla creazione di una specifica 'show-side' affaccio sulla strada. È solo negli ultimi anni, dopo la riscoperta dell'importanza della sfera pubblica e il valore della vita urbana, che la facciata ha riacquistato una nuova valutazione".[23]

La riflessione sviluppata dall'architetto dimostra come sia possibile ottenere un'infinita casistica di spazi attraverso l'addizione o la compenetrazione di forme elementari (quadrato, rettangolo, cerchio, ottagono...). Tali osservazioni, apparentemente semplicistiche, in realtà sono alla base di qualsiasi azione progettuale e conducono alla definizione di spazi che non sono il frutto di un semplice gioco compositivo ma hanno caratteristiche precise e offrono atmosfere completamente diverse in funzione delle scelte progettuali compiute dall'architetto. Convinto assertore che l'unica modalità per stabilire una relazione con il contesto sia individuabile nel rapporto di condivisione con i caratteri della città tradizionale, per Krier il progetto deve confrontarsi con il contesto delle facciate storiche adiacenti in modo da costruire una relazione fra vecchio e nuovo basata sul dialogo.[24]

La facciata è composta da singoli elementi, ognuno dei quali ha caratteristiche peculiari e capacità espressive proprie: "Gli elementi di base, finestra, tetto, ecc, che per loro natura sono cose diverse, dovranno essere quindi anche diversi nelle loro forme, colori e materiali. Tutte queste parti devono rimanere riconoscibili individualmente, anche se deve essere definito il linguaggio comune che li lega al tutto".[25]

Analizzando processi e metodi compositivi, il testo sviluppa un'indagine dettagliata sulle caratteristiche e proprietà specifiche dei singoli elementi architettonici, finestre, porte, scale, pavimentazioni, soffitti, colonne, ingressi e portali, balconi, tetti, e integra tali elementi secondo un sistema di relazioni legate alla tradizione classica dei rapporti proporzionali e finalizzate al raggiungimento di una bellezza armonica. Krier distingue tra relazioni di ordine topologico, facendo esplicito riferimento a Christian Norberg-Schulz, in cui gli elementi risultano legati da principi di prossimità, sovrapposizione, compenetrazione ecc., e le semplici relazioni geometriche, quali ad esempio il parallelismo o l'ortogonalità. L'uso di esempi di tipi architettonici è teso a dimostrare come l'articolarsi di determinate relazioni di elementi all'interno di un progetto permetta di esprimere le gerarchie degli elementi spaziali.

Per verificare l'applicazione di questi principi il testo si spinge a definire ogni soluzione "tipica", fornendo quasi un catalogo di possibilità pre-definite, ma l'utilizzo di un vocabolario formale definito, e di una sintassi data conduce naturalmente alla riproduzione di formule architettoniche ponendo forti limiti all'interpretazione e indirizzando a un'azione di tipo riproduttivo.

1.2.4 Temi. Klaus Theo Brenner (2004)

In *Das städtische Reihenhaus, Geschichte und Typologie*[26] Klaus Theo Brenner e Helmut Geisert delineano una storia dei tipi di casa a schiera urbana. Il lavoro scaturisce da una domanda precisa che riguarda l'esistenza di un prototipo per la facciata della casa a schiera urbana.

La facciata in questo tipo urbano assume, secondo la visione degli autori, due condizioni estreme in funzione della diversa relazione interno-esterno: la prima di massima permeabilità delle parti e minima materializzazione, la seconda di mascheramento dell'edificio. Le categorie a cui si restringono le possibili declinazioni della facciata sono dunque il "diaframma" e la "maschera"; se con la prima si identifica la smaterializzazione della facciata, con la seconda si intende la materializzazione che l'apparato decorativo trasferisce sulla superficie della facciata. Tra questi due limiti si colloca l'insieme dei possibili materiali (vetro, metallo, pietra, cemento) e sistemi costruttivi utilizzabili. La maschera subisce a sua volta due possibili declinazioni: come rivelatrice di caratteri formali tettonici o come sistema espressivo di valori simbolici o di linguaggio.

Le tavole grafiche che accompagnano il testo costruiscono una sorta di "panorama storico" delle facciate urbane di case a schiera. Ordinate storicamente, esse possono essere lette come rappresentazione delle diverse epoche storiche ma anche come strumento rivelatore di una determinata filosofia progettuale che definisce i caratteri formali delle facciate.

L'itinerario della cultura architettonica europea attraversa oltre 2000 anni di storia, con una vastissima gamma di soluzioni che costituiscono un patrimonio conoscitivo e un riferimento concreto utile anche nello sviluppo di soluzioni e interpretazioni contemporanee. La comprensione della storia consolida i nostri strumenti di valutazione che troppo spesso si limitano allo sviluppo di questioni secondo un approccio puramente grafico, non solo per il proliferare della smaterializzazione costruttiva, ma anche per il contributo della grafica assistita dal computer che determina processi metodologici chiaramente condizionanti nella composizione delle facciate.

La ricostruzione traccia un racconto della facciata che, a partire dalla parete iniziale, un semplice muro posto di fronte alla strada, silenzioso, muta al cambiare del rapporto che l'edificio instaura con lo spazio pubblico su cui si affaccia. Al crescere del valore dello spazio pubblico la facciata si apre progressivamente, incrementando i flussi e favorendo le relazioni commerciali ai piani inferiori. L'introduzione dei portici contribuisce a restituire regolarità al paesaggio urbano, altrimenti compromesso dalla caotica varietà di aperture che si susseguono lungo la strada. Dal tipo della casa greca in poi, con la crescente importanza dello spazio pubblico della strada e la successiva collocazione degli spazi commerciali al piano terra, si consolida un carattere permanente nella cultura della casa a schiera urbana in tutte le sue evoluzioni storiche.

Gli esempi corrispondono ai criteri elaborati nella forma tipica del tempo, ma anche al relativo concetto di casa, città e strada distinguendo l'ordine classico che affonda le proprie radici nel tipo della casa antica, il moderno in contrasto con il contesto, il pittoresco con la sua forte carica simbolica, le variazioni di stile generate a partire dal modello classico, gli alloggi di massa come pura sommatoria di un tipo, la piccola città che recupera la relazione con lo spazio urbano, la casa a capanna come individuo autonomo nella schiera urbana, la città postmoderna dove si celebra l'individualità e regna il caos delle immagini.

La sintesi finale auspica l'utilità della classificazione alla riflessione e al progetto verificando, attraverso l'analisi di alcuni esempi significativi del contemporaneo, le possibili declinazioni della relazione fra uniformità e individualità e individuando nell'equilibrio dialettico tra i due estremi l'opzione più promettente per la città futura.

2. INTERPRETAZIONI

2.1 Milano. Un laboratorio

I modelli qui raccolti non rappresentano repertori a cui attingere, ma piuttosto una sollecitazione alla riflessione e alla consapevolezza, un invito a ri-conoscere dei sistemi formali, ad interrogarsi sull'origine e sui caratteri della struttura di alcuni processi compositivi.

Si tratta di opere realizzate e percepibili nel loro contesto reale, la cui rappresentazione attraverso il modello consente di mettere in evidenza rapporti non esperibili direttamente attraverso l'esperienza visiva. La visione ortogonale imposta dal modello costringe la figura a riappropriarsi delle geometrie che l'hanno definita attraverso il processo generativo della forma. La ricostruzione di una porzione limitata di facciata contribuisce inoltre ulteriormente alla ricerca di astrazione, allontanando l'oggetto dal suo contesto fino a ottenere una certa autonomia dal soggetto rappresentato. Per questo motivo i modelli cercano una legittimazione che li spinga oltre il fatto di essere "una rappresentazione di". Ma per quanto il fascino di questi elementi ci porti lontano, l'osservazione non riuscirà a discostarsi dal soggetto e forse l'aspetto più interessante risiede proprio nella continua oscillazione che si genera tra la conoscenza offerta dal modello e quella ottenibile dall'esperienza.[27]

Privati della specificità dei materiali e della distinzione dei caratteri cromatici, i modelli rivelano, nella purezza delle geometrie, le relazioni formali in tutte le loro declinazioni.

Fuori dal contesto unitario dell'opera è ancora più evidente come in questi lavori i principi di gerarchia, assialità, simmetria lascino spazio ai concetti di frammentazione, bilanciamento, tensione, slittamento. Letti in sequenza, secondo un ordine che potrebbe variare in funzione delle scelte dell'osservatore, i brani di facciata ricostruiti attraverso i modelli restituiscono una successione di variazioni, costruendo un insieme di elementi che rivelano, utilizzando le parole di Cino Zucchi, "il fascino del «quasi uguale»".[28]

La loro interpretazione non mira però a definire, spiegare o trarre conclusioni, cercando piuttosto di suggerire associazioni, analogie, contrappunti od opposizioni, spunti di riflessione. Nel testo che Peter Eisenman dedica a Terragni, frutto di un lavoro quarantennale che raccoglie un insieme di idee forse anche in parte superate dall'autore, gli esempi illustrati vengono assimilati alla nozione di testo critico architettonico, affermando che ogni possibile lettura convenzionale di facciata, pianta o sezione non si presta a valutazioni finite e permanenti. Consapevole che le idee architettoniche "non possono mai essere astoriche", Eisenman compie un tentativo di dislocazione dell'opera dalla propria specifica condizione storica prendendo le distanze dai tradizionali caratteri dell'analisi architettonica, che formula spiegazioni a partire dall'apparenza fisica utilizzando categorie fenomenologiche o indagando i significati metaforici o simbolici della sua immagine. Viene in questo modo reso evidente che: "Mentre tutte le categorie di analisi sono testuali nel senso che c'è sempre qualcosa da leggere nell'oggetto dell'analisi, il termine testo critico fa riferimento a qualcosa che pertiene specificamente all'oggetto architettonico, che mina la nozione di attributi finiti e può essere articolato o compreso solo attraverso un diverso linguaggio interpretativo".[29]

Eisenman individua nel termine trasformazione quello che comunemente si può intendere come processo di mutazione, che in architettura tende ad esplicitare l'evoluzione del processo generativo formale che ha portato l'autore all'esito formale finale, ma lo fa nell'accezione del termine testuale anziché formale, facendo riferimento a segni che permangono nell'opera dall'inizio del suo processo ideativo. In questo modo mette in atto una metodologia che rifiuta gli approcci tradizionali, di tipo storico, estetico, sociale o funzionale, contrapponendo considerazioni sulle connotazioni degli elementi architettonici e le loro relazioni, perché "l'autonomia dell'architettura è nel suo essere pura forma priva di ogni significato o simbolismo che non siano le sue relazioni formali".[30]

Ma per quanto l'oggetto della nostra analisi rimanga circoscritto ad un aspetto specifico, la *manifestazione esteriore dell'oggetto architettonico*, ovvero la sua facciata, non possiamo sottrarci alla consapevolezza che lo spazio rimane il principale carattere dell'architettura.[31]

Le rappresentazioni raccolte in questo studio possiedono un'articolazione volumetrica che arricchisce la lettura dell'attributo della terza dimensione, il disegno delle facciate è quindi percepibile anche grazie al chiaro-scuro determinato dai volumi e dalle ombre. Le relazioni plastiche non sono suggerite da una simulazione grafica, ma si manifestano concretamente nella loro dimensione "reale".

Ci piace immaginare lo spazio come lo *strumento* che permette la connessione tra le relazioni formali dei singoli elementi dell'architettura. Come affermava Maurice Merleau-Ponty "Lo spazio non è l'ambito (reale o logico) in cui le cose si dispongono, ma il mezzo in virtù del quale diviene possibile la posizione delle cose. Ciò equivale a dire che, anziché immaginarlo come una specie di etere nel quale sono immerse tutte le cose o concepirlo astrattamente come un carattere che sia comune a esse, dobbiamo pensarlo come la potenza universale delle loro connessioni".[32]

2.2 Atlante contemporaneo
Il repertorio di immagini qui raccolte rappresenta una selezione di note architetture del contemporaneo rilette attraverso lo strumento del modello. Risulterà facile riconoscere edifici ampiamente diffusi dalle pagine delle riviste specializzate e altrettanto facile ricondurle ai loro celebri autori. Riconosciamo così anche una serie di forme comunemente echeggiate dalle opere di autori meno famosi, dai progetti di giovani architetti e, forse ancora di più, dalle proposte di studenti delle scuole di architettura. Forme che vengono iterate in modo vagamente riconoscibile, oppure clonate, o semplicemente rivisitate sperimentando nuovi materiali e modalità costruttive.
Questo ripetersi delle forme contribuisce a restituire loro un certo carattere di familiarità, a renderne rassicurante la presenza. Ma cosa determina il permanere di una forma? Di quali regole si avvale il processo che determina le scelte di una struttura formale? Su cosa si fonda la consapevolezza con cui si articola il processo generativo formale di un'architettura?
Il primo atto è forse proprio quello di *ri-conoscere*, stabilire l'appartenenza. Proprio questa azione rappresenta l'elemento in grado di suggerire un legame fra queste immagini, permettendoci di avvicinarci e, se possibile, penetrare un mondo di forme dalle radici lontane nel tempo, da cui affiorano molteplici tracce di culture passate e presenti. Forme che, liberate dagli stili, cercano legittimazione al di fuori del territorio delle *figure*, rifiutando allusioni a significati, simbolismi o linguaggi, ed individuando piuttosto nell'astrazione formale l'aspirazione ad elevarsi come soggetto autonomo, generato da metodi e principi propri.
I modelli presentati, realizzati con tecniche e materiali omogenei, rendono evidente come architetture scostate dal contesto fisico a cui appartengono e private del rapporto particolare che lega l'oggetto al luogo, possano offrire l'opportunità di sviluppare nuove riflessioni. L'architettura si rende così disponibile a un'indagine che si sviluppa all'interno delle forme, come dice Moneo possiamo "esplorare i criteri con cui l'architettura plasma la forma, studiare le regole di cui si avvalgono gli architetti per la costruzione".[33]
Le facciate si trasformano in figure rese astratte da una rappresentazione che privilegia similitudini e relazioni rispetto a differenze e individualità. L'obiettivo è quello di offrire all'osservatore l'opportunità di individuare un possibile percorso di lettura e di interpretazione, la possibilità di immaginare intrecci e relazioni plausibili, di alimentare un immaginario di forme.
Gli esempi sono raccolti e organizzati in funzione del criterio elementare da cui trae origine la loro forma.
La prima serie di modelli riconosce come protagonista principale della composizione l'*elemento*, individuando nell'apertura sulla superficie della facciata il termine che articola la composizione, con cui si definiscono i ritmi e le relazioni tra le parti. Le declinazioni di queste composizioni fluttuano dalla fissità statica, determinata dalla regolarità e simmetria, alla tensione dinamica di elementi variamente dimensionati e

collocati per favorire una democratica fuga dello sguardo in direzioni diverse, senza privilegiare alcuna gerarchia.

La seconda serie di modelli è regolata dalla semplice *griglia*. In questi casi l'apertura sulla facciata si dilata fino al punto di generare un'inversione di ruoli: l'elemento apertura cede il ruolo di *soggetto* alla parete che si trasforma in ossatura, un telaio rispetto al quale si articola il gioco della composizione. Come sostiene Rowe "la griglia neutra di spazio racchiusa dalla struttura a ossatura ci fornisce un simbolo particolarmente efficace e convincente, ed è per questa ragione che il telaio ha stabilito relazioni, definito una disciplina e generato delle forme. Il telaio ha assunto il ruolo di catalizzatore di un'architettura; ma si potrebbe osservare come il telaio sia anche diventato architettura, e come l'architettura contemporanea sia, in sua assenza, quasi inconcepibile."[34]

L'elementarità del principio non pone limiti alla ricchezza delle possibili variazioni. È straordinario constatare quante soluzioni possa adottare un reticolo al variare della semplice misura dei rapporti che restituiscono equilibrio al suo disegno. Essenzialità e armonia delle dimensioni sono gli aspetti che caratterizzano queste facciate regolate da rapporti di tipo proporzionale, in cui il numero, come per certe opere d'arte, assume un valore non solo geometrico ma poetico.[35]

Infine la terza serie riunisce esempi la cui logica compositiva sembra trarre origine da un processo di stratificazione di piani che si sovrappongono parallelamente l'uno all'altro, rivelando la natura additiva derivata dalle piante. L'evidenza delle linee orizzontali rende con maggiore incisività l'autonomia dei livelli su cui si susseguono i protagonisti della composizione *lineare* della facciata. Lungo questi piani sovrapposti gli elementi si dispongono liberamente, senza vincoli, privati di ogni fissità. Nella disposizione in facciata la casualità della collocazione viene lasciata al libero arbitrio dei fruitori, generando così soluzioni costantemente mutevoli e mai uguali a se stesse. Un sistema di composizioni aperto a soluzioni imprevedibili caratterizzate da un costante dinamismo.

1. «Per Rowe una facciata si distingue da un prospetto in quanto la prima manifesta quel che Rowe definisce il carattere - i significati simbolici e iconici, come laico o religioso, pubblico o privato, che non sono contenuti nell'idea di prospetto». In Peter Eisenman, *Giuseppe Terragni: trasformazioni, scomposizioni, critiche*, Quodlibet, Macerata 2004, p.33.
2. Cfr. Maurizio Vitta, *Dell'abitare. Corpi spazi oggetti immagini*, Einaudi, Torino 2008, pp. 136-144.
3. Michele Roda, *Biennale 2016: è finita l'epoca delle archistar*, in Il giornale dell'Architettura, 26 maggio 2016 (http://ilgiornaledellarchitettura.com/web/2016/05/26/biennale-2016-e-finita-lepoca-delle-archistar/).
4. Cfr. Federico Bilò, *Ordinario è il contrario di straordinario. Ipotesi di lavoro*, "Ordinariness - PPC Piano Progetto Città", vol. 29-30, List ed., Trento 2015.
5. Come afferma Christian Norberg Schulz, «Perché la libertà possa essere efficace deve venire intesa come "libertà di scelta in un ambiente qualitativo", una condizione che in ogni società incorre in limitazioni. In genere si tende invece a considerare la libertà come "libertà dalle forme". L'uomo moderno ritiene tutte le forme delle restrizioni, sia in ambito di rapporti umani, che di vestiario, di linguaggio, di arte o di religione. Anche gli artisti sono vittima dello stesso malinteso. Invece di cooperare all'edificazione di un mondo significativo comune a tutti, al giorno d'oggi amano definire i loro scopi come "auto-espressioni". Qualsiasi espressione diventa invece realmente interessante solo quando trascende colui che l'esprime». Christian Norberg Schulz, *Significato in architettura*, in *Il mondo dell'architettura. Saggi scelti*, Electa, Milano 1986, p. 22.
6. Rudolf Arnheim, *Guernica, genesi di un dipinto*, Feltrinelli, Milano 1964, p. 22.
7. Cfr. Francesco Gulinello, *Figurazioni dell'involucro architettonico*, Alinea editrice, Firenze 2010, pp. 23-27.
8. Adolf Behne, *Der Moderne Zweckbau*, Drei Masken, Munchen 1926.
9. Federico Bilò, *Ordinario è il contrario di straordinario. Ipotesi di lavoro*, cit.
10. Alan Colquhoun, *La forma e la figura*, "Oppositions", n. 12, 1978, pp. 28-37.
11. Idem.
12. «Fino al Rinascimento fu comune la pratica di reiterare nelle opere nuove lunghi stralci presi da opere precedenti senza che si pensasse affatto a ciò che oggi chiameremmo plagio. L'architettura è l'unica arte in cui questo è ancora possibile. Almeno in parte, lo scopo del funzionalismo era di tentare d'esorcizzare quelle forme persistenti le cui funzioni espressive e la cui semantica dipendevano dalla ripetizione di forme precedenti. In questo senso, il funzionalismo era un alibi per un sistema di forme che dovevano essere scevre di contaminazioni stilistiche. Il "significato" d'un edificio poteva ora essere trasferito dalla sua forma al suo contenuto, abbandonando la forma alla deriva, libera di sviluppare i propri significati immanenti.» In Alan Colquhoun, *Conflitti ideologici del moderno*, "Casabella", n. 520-521, Gennaio-Febbraio 1986.
13. Cfr. Giancarlo Carnevale, *Realismo tragico*, in *A regola d'arte*, Officina ed., Roma 2006 pp. 169-177.
14. Vittorito Gregotti, *Il possibile necessario*, Bompiani, Milano, 2014, p. 52.
15. Maurizio Vitta, *Dell'abitare*, cit., pp. 139-140.
16. José Ortega y Gasset, *Adamo nel paradiso*, in *Le meditazioni del Chisciotte*, Guida editori, Napoli 1986, p. 207.
17. Colin Rowe, Robert Slutzky, *Transparency: Literal and Phenomenal. Part II*, "Perspecta", n. 13/14, 1971.
18. Cfr. Francesco Gulinello, *Figurazioni dell'involucro architettonico*, cit.
19. C. Rowe, R. Slutzky, *Transparency: Literal and Phenomenal. Part II*, cit., p. 320.
20. Ibidem.
21. Berlin - Alt und Neu, Zur Integration moderner Architektur in Altbaustrukturen - 3. Symposion des IDZ Berlin 29. 9. - 3.10.1975. Simposio con Gottfried Böhm, Vittorio Gregotti, Charles Willard Moore, Alison e Peter Smithson, Oswald Mathias Ungers, André Corboz, Christian Norberg-Schulz, Paolo Portoghesi, Helmut Engel, Heinrich Klotz.

22. Cfr. François Burkhardt, *Presentazione*, "Lotus", n. 13, dicembre 1976, p. 25 e nota di Martina Schneider.
23. Robert Krier, *Architectural Composition*, Academy Edition, London 1988, p. 122.
24. Ivi, p.123.
25. Ibid.
26. Klaus Theo Brenner, Helmut Geisert, *Das städtische Reihenhaus, Geschichte und Typologie*, Karl Kramer Verlag, Stuttgart 2004.
27. Per la relazione tra la conoscenza offerta dal disegno e quella ottenibile dall'esperienza cfr. Peter Eisenman, *Giuseppe Terragni: trasformazioni, scomposizioni, critiche*, Quodlibet, Macerata 2004, p. 301.
28. Cino Zucchi, *CopyCut*, Marsilio, Venezia 2002, p. 8. All'interno del testo Zucchi cita le parole di George Kubler, autore di *La forma del tempo. Considerazioni sulla storia delle cose*, secondo il quale le società possono essere danneggiate non solo da momenti di eccessiva ripetizione di modelli dati ma anche da altri di eccessiva invenzione, poiché i primi portano alla stagnazione, i secondi al caos.
29. Peter Eisenman, *Giuseppe Terragni: trasformazioni, scomposizioni, critiche*, cit., p. 17.
30. Roberto Damiani, *L'architetto e le parole*, in *Inside Out*, Quodlibet, Macerata 2014, p. 376.
31. Rafael Moneo osserva come l'idea di spazio degli architetti "moderni" differisca da quelli attuali: «In effetti, per i critici della metà degli anni cinquanta del Novecento, Wright e il Guggenheim di New York rappresentavano l'espressione più piena di come la costruzione, il programma, la figura e la forma venissero a coincidere con l'elemento più genuinamente architettonico: lo spazio. [...] Vediamo invece come intendono la nozione di spazio gli architetti di oggi. Senza dubbio questa nozione è ancora presente nel progetto architettonico, ma non allo stesso modo: ha perso la sua condizione sostanziale, non è più il punto di partenza del progetto». In Rafael Moneo, *L'altra modernità. Considerazioni sul futuro dell'architettura*, Christian Marinotti Edizioni, Milano 2012, p. 84
32. Maurice Merleau-Ponty, *Phénoménologie de la perception*, Gallimard, Paris 1945; trad. it. *Fenomenologia della percezione*, Bompiani, Milano 2003, p. 326.
33. Rafael Moneo, *Sul concetto di arbitrarietà in architettura*, "Casabella", n. 735, 2005, p. 32.
34. Colin Rowe, *La struttura a telaio di Chicago (Chicago Frame)*, in Paolo Berdini (a cura di), *La matematica della villa ideale e altri scritti*, Zanichelli, Bologna 1990, p. 83.
35. Ezio Frigerio, allievo di Mario Radice, definisce il numero un oggetto "in sensibilità" sostenendo «che il numero abbia un valore non solamente geometrico, ma anche poetico, e che ci sia una poesia dei numeri o, quanto meno, che i numeri correggano la poesia della natura e la rendano più assoluta». Giovanni Marzari, "La poesia dei numeri", conversazione con Ezio Frigerio, in *Mario Radice, Architettura, numero colore*, Mondadori Electa, Milano 2014, p. 144.

**L'immagine della modificazione,
Conversazione con Vittorio Gregotti**
Introduzione e cura di Sarah Cuccia

Maestro dell'architettura contemporanea, progettista e teorico di spicco nel panorama architettonico, Vittorio Gregotti continua a riflettere attorno a pochi ma precisi temi della disciplina architettonica, su quelli che definisce *materiali* del progetto. L'interesse per la storia della città e la conoscenza del luogo, la nozione di principio insediativo e il tema dell'antropogeografia, assieme al concetto di tipologia insediativa e di modificazione, costituisco i temi salienti su cui Gregotti ha fondato il suo *fare* architettura. In una *società liquefatta*, come l'ha definita Zygmunt Bauman, dove spazio e tempo portano in sé un significato nuovo, il ruolo dell'immagine assume, nel progetto contemporaneo, un importanza prioritaria. I prospetti degli edifici di Vittorio Gregotti non sono *trame* di tessuti ma *spazi* compositivi. La facciata assume nei suoi progetti la medesima importanza della distribuzione interna e dei flussi. Essa acquisisce, all'interno del progetto d'architettura, un'inedita centralità. Non più elemento finalizzato esclusivamente a proteggere dalle intemperie e a lasciare trasparire anche concettualmente l'assetto interno degli edifici, essa diventa elemento dotato di significato proprio. La facciata riveste un ruolo fondamentale nel processo di definizione di spazio pubblico e privato. Essa rappresenta l'elemento di filtro tra lo spazio interno, quello privato, e lo spazio esterno, pubblico. Intermediaria tra due concezioni spaziali, la facciata è il mezzo che rende leggibili le relazioni che un progetto instaura con il contesto nel quale s'inserisce, attraverso un'indagine in grado di porre l'accento sulle regole spaziali e compositive della realtà urbana stessa. L'architettura di Gregotti tende all'astrazione, nel significato in cui la capacità di astrazione signifchi portare il fare architettonico a una dimensione sintattica che dà priorità alle regole di costruzione formale dell'oggetto; l'interesse si sposta dagli elementi alle relazioni che si stabiliscono tra loro e, quindi, ai principi di composizione che le regolano.

Quali sono i suoi riferimenti per la costruzione della facciata?
Quando mi sono laureato nel 1952, ero allievo di Rogers, avevo già conosciuto i grandi maestri del Movimento Moderno e, da loro e da quella che è tutta letteratura del Movimento Moderno, avevo appreso e condiviso l'idea che la facciata non fosse un elemento in sé ma fosse un elemento strettamente connesso alle condizioni spaziali interne; oltre naturalmente al fatto che aveva anche una presenza che si costituiva come una specie di proposta di relazione con il contesto che stava intorno. Questo, se vuole, è la novità della mia generazione, perché la generazione precedente aveva guardato con grande attenzione all'idea del rapporto tra l'organismo e la sua facciata; le fronti erano per così dire l'espressione di questo organismo.
La mia generazione in più aveva, in modi diversi, aggiunto la funzione che poteva avere la fronte esterna in relazione al contesto nel quale veniva costruita, sia il contesto urbano sia il contesto territoriale.

Qual è oggi il ruolo della facciata nella costruzione del progetto urbano?
Lo sforzo da parte del Movimento Moderno di rendere organiche le due parti con una continuità spaziale unitaria, mi sembra evidente. Dopo il secondo conflitto mondiale i temi della relazione con il luogo urbano e territoriale e la sua storia sono diventati, nelle culture europee, materiali indispensabili alla progettazione. Sovente però, la costruzione degli spazi interni propone condizioni assai diverse che, non sempre si manifestano all'esterno. Secondo me uno sforzo che renda più unitaria tale relazione è un problema che potrebbe stimolare una linea di ricerca assai interessante.

Possiamo definire la facciata come "luogo" architettonico dell'edificio?
No, il luogo dell'architettura è costituito dall'organizzazione tra autonomi ed eteronomi dei diversi materiali scelti, dal luogo, al terreno di fondazione nello spazio, dalla relazione tra le parti e da quella tra esterno ed interno. Prima fra tutti dal processo di costituzione di un'intenzionalità della progettazione sino ai suoi più piccoli e concreti dettagli. Il numero degli ostacoli al compimento di tutto questo è innumerevole.

I suoi progetti si radicano nel luogo e, in esso cercano le proprie regole. I suoi edifici sono ben lungi dall'essere inclini alle mode. Come definirebbe il linguaggio delle sue architetture?
Credo che non sia mio compito definire il "linguaggio" delle mie architetture. Ma comunque non si tratta di linguaggio, che è uno strumento di riconoscibilità troppo debole per definire in generale l'opera di architettura e la sua forma significante.

Quale immagine deve avere oggi l'edificio urbano?
Progettare architettura è comunque immaginare il concreto della sua forma. Solo la nostra pratica artistica tra tutte le altre sembra avere questo compito, cioè di costruire con il disegno o con altri strumenti indiretti, compiutamente un'opera ancora non esistente, giudicabile non solo nelle sue intenzionalità, nei suoi usi, nelle sue relazioni contestuali, ma soprattutto nelle modificazioni proposte allo stato della propria condizione disciplinare. Tutto ciò attraverso le percezioni possibili della immaginabile concretezza dell'opera. Ciò che resta ignoto, come peraltro in tutte le arti, è quali significati tale immagine potrà assumere nel tempo.
La parola immagine è utilizzata anche per le altre arti, come la musica o la letteratura, anche se non si deve per questo attribuire alla parola immagine un valore solo visivo, ma piuttosto di ciò che mette in atto nuove possibilità, con tutte le ambiguità interpretative delle sue intenzionalità.

Parte dell'architettura contemporanea tende a produrre spettacolarizzazione, essa *suscita* stupore e *piace* alle masse, deve essere alla moda. Essa non è identificabile con un tipo, non segue la tradizione e non interpreta le esigenze del luogo. Cosa pensa dell'architettura contemporanea?
La mia posizione è radicalmente opposta. Credo che la sua spettacolarizzazione, come i suoi caratteri "decostruttivi" (cioè di non o pessima interpretazione dei principi di Derrida) siano prodotto della coincidenza tra l'esigenza di visibilità materiale e colonialista di un globalismo prodotto dal capitalismo finanziario dominante, in continuità con le ambizioni degli archistar.
Per loro essa deve ad ogni costo possedere le precarietà delle mode e deve essere soprattutto disponibile alle comunicazioni immateriali votate alla convinzione pubblica nei confronti dei poteri.

Come interpreta il concetto di astrazione?
Io penso che l'opera di architettura sia, nel suo farsi e nei suoi scopi, altamente concreta nelle forme e nelle immagini, negli usi e nelle intenzionalità di ogni dettaglio con cui è costruita, rappresentazione forte anche dei materiali eteronomi con cui la sua autonomia si è scontrata ed ha organizzato.
La sua astrazione proveniente dal ruolo e dai mutevoli significati collettivi che essa significherà in futuro.

Qual è la sua opinione del tempo in architettura?
Io credo che il tempo presente, o meglio lo stato presente della nostra disciplina, sia l'elemento dominante su cui misurare il tempo dei nostri progetti mentre il terreno della loro costruzione è lo stato delle cose, cioè il passato che l'ha costruito come patrimonio su cui esercitare la nostra passione e la nostra critica per mezzo del progetto. Esso ha per noi un futuro senza fine cioè la speranza per noi di costruire qualcosa che potrà essere un saldo passato, da interpretare in futuro con nuovi significati.

Costruire nel costruito significa prendere in considerazione la dimensione temporale dell'architettura. Cosa significa, oggi, progettare nella città consolidata?
Noi costruiamo sempre nel costruito, specie in Europa, dove sia l'insieme territoriale che la città sono (o dovrebbero essere) dominati da processi che definiscono il loro destino agricolo, di infrastrutture, boschi, spazi costruiti, dighe, porti, stabiliscono entro limiti geografici riconosciuti lo spazio definito dall'uomo. Tutto questo risulta evidente nella città costruita, nei suoi incerti confini, si tratta di un problema urbano particolarmente delicato non solo per la presenza di monumenti storici evidenti ma soprattutto di sovrapposta concezione di disegno urbano, sovente sovrapposta, con cui regolare il nuovo con le proprie regole e contraddizioni con cui siamo costretti a dialogare e talvolta ad imparare da esse ragioni altre per i nostri stessi insediamenti.

Qual è, nel contemporaneo, il rapporto tra architettura e geografia?
Un geografo tedesco coniò il termine antropogeografia. Questo è l'aspetto interessante. Noi siamo in un mondo dove tutto è stato ripreso in considerazione, anche nei deserti che sono stati lasciati; anche le montagne sono elementi fissi, tuttavia, anche attraverso gli strumenti che abbiamo inventato, conosciamo tutto il mondo, lo dominiamo in un certo senso, pertanto pensare di ritirarsi in un nuovo naturalismo mi sembra che sia un'idea un po' sbagliata, cioè bisogna affrontare l'idea che il mondo cambia e cambierà sempre di più e saremo un numero di abitanti sempre maggiore, bisogna affrontarlo con questo tipo di realismo.

In Cina, dove lei ha progettato, l'aspetto geografico è molto diverso da quello Europeo. In che senso?
È diverso, ma si può osservare con uno sguardo più obiettivo, poi c'è una storia che è completamente diversa, non solo fisicamente ma anche dal punto di vista del processo con cui si è costruita. Vi è questa idea che non c'è una nazione, c'è una civiltà; infatti la nazione non è mai esistita come tale, ma è esista come civiltà, di questo erano molto orgogliosi. Le eredità migliori che ci sono in questo momento sono proprio queste, io credo; il pensare alla propria nazione come civiltà è difenderla tutto sommato, nel senso di non farsi soggiogare da una interpretazione del globalismo come nuovo colonialismo.

Lei afferma, in alcuni sui scritti che, il disegno urbano è il principale strumento di indagine. Io credo che allo stesso modo si possa considerare il modello. Condivide questa affermazione? Quale uso ha fatto del modello e quale importanza gli attribuisce?
Io ho lavorato molto con i modelli non nel senso di costruire un modello definitivo, quello era affidato a qualcun altro perché dovevo presentare il lavoro al cliente, mi occupavo della costruzione di parti, anche fatte con il cartoncino. Quello che trovo nel disegno estremamente importante, questo lo dico sempre, è questa relazione che c'è tra il pensiero e la mano, il rapporto diretto tra pensiero e mano avviene anche se lei fa con le sue mani dei cartoncini e poi decide come sia fatto un dettaglio. Questo è un problema, credo che

nonostante i grandi vantaggi di tutto il sistema attuale di rappresentazione non diretta, ci sia l'abbandono di questo rapporto diretto e fisico tra il pensiero, la mano e la matita, o tra il pensiero, la mano e la carta con cui lavora. Questa è una rinuncia su cui bisogna riflettere, essa non deve essere una rinuncia assoluta, si può mantenere questo e poi naturalmente utilizzare altri sistemi per la scelta definitiva, per il trasporto nel confronti di chi lo deve ricevere o costruire. Occorre pensare che tutto il processo della creatività, io parlo di creatività raramente, diciamo il processo del fare, dell'organizzare i materiali del progetto, debba essere concepito secondo me come un rapporto sempre diretto con la persona che lo fa, questo mi sembra da non perdere, tuttavia è un rischio che stiamo correndo.

Milano, 11 gennaio 2017

A partire dalla città di Milano.
Conversazioni con Orsina Simona Pierini e Maria Vittoria Capitanucci.
Introduzione e cura di Matteo Sintini

Le vicende della ricostruzione della città di Milano nei due decenni che vanno dalla metà degli anni Cinquanta alla metà degli anni Sessanta del Novecento, sebbene ampiamente indagate, offrono ancora importanti spunti e conoscono un rinnovato interesse.
Il completamento di aree libere o bombardate avviene all'interno della città, in gran parte attraverso l'edificazione di blocchi di abitazioni che rispondono alle necessità della città uscita dall'emergenza dell'immediato Secondo Dopoguerra che si affaccia allo sviluppo del *boom* economico, contribuendo in maniera determinante alla trasformazione di intere parti.
La spinta di un'imprenditoria industriale, la presenza di numerosi lotti in prossimità o all'interno della città, il sostegno all'iniziativa privata da parte dell'amministrazione pubblica, la presenza di una diffusa cultura progettuale all'interno del contesto professionale, le richieste di una borghesia attenta al moderno ma senza ostentazioni, il bisogno di edifici in cui insediare anche le funzioni terziarie, sono i fattori omogenei che, unitamente alla quantità, consentono di leggere questa vicenda al di là dei soli singoli episodi e permettono di individuare un modello, diremo tipologico, identificativo della ricostruzione, così come il blocco a corte aveva conferito una chiara riconoscibilità alla città ottocentesca e primo novecentesca.
Tale modello, che sviluppa l'eredità di quelli del periodo Novecentista e razionalista, si definisce per alcune caratteristiche comuni: lo sviluppo in altezza su un lotto libero che lascia spazio aperto circostante; il particolare trattamento di questa zona di intermediazione con la città e le preesistenze, risolto attraverso salti di quota e sistemazioni del verde privato al piano terra; la polifunzionalità del programma in cui convivono destinazioni residenziali e terziarie che in taluni casi produce interessanti variazioni e scomposizioni volumetriche; il particolare lavoro compositivo sulle facciate. Proprio su quest'aspetto occorre soffermarsi maggiormente, in quanto oggetto degli approfondimenti che seguono.
Il tema dell'affaccio diventa infatti centrale in quanto risolve architettonicamente, da una parte, il ruolo di confine tra la città e l'edificio, dall'altro, le richieste di qualificazione dello spazio interno attraverso la dotazione di superfici esterne private.
Sebbene si verifichino episodi sparsi e frammentati in zone diffuse della città (a titolo di esempio si citano qui gli edifici di Luigi Caccia Dominioni in via Massena, 1959-63 e in

piazza Carbonari, 1960-61 e quello di Angelo Mangiarotti in via Quadronno, 1956-60) in alcune aree la trasformazione si rende più evidente e compatta anche per effetto delle scelte del piano di Ricostruzione, faticosamente approvato nel 1953.
Sicuramente tra queste, via Vittor Pisani, in cui si ha l'occasione di terminare l'incompiuto progetto del centro direzionale che fin dagli anni Trenta aveva stimolato la pianificazione della nuova arteria stradale generata dall'arretramento della stazione ferroviaria nella sua attuale localizzazione. Qui si trovano già alcuni esempi risalenti a quel periodo, rappresentati in particolare dai due blocchi contigui di Giovanni Muzio di casa Bonaiti e casa Malugani (1935-1936) il cui rigore razionale visibile nella sovrapposizione dei piani e nell'affioramento della scansione del partito di facciata dal paramento murario, viene rinnovato, vent'anni più tardi, dal condominio realizzato da Vito e Gustavo Latis in piazza della Repubblica. Accanto a questi sorgeranno poi emblemi dell'*International Style* italiano, come la torre Breda di Luigi Mattioni (1955), la torre Galfa di Melchiorre Bega (1959) e il grattacielo Pirelli di Giò Ponti (1960), ulteriori frammenti di un centro direzionale che nemmeno con questo secondo tentativo trova compiuta realizzazione.
La zona della cosiddetta "racchetta", quella contigua all'arteria di collegamento tra piazza San Babila e largo Missori, disegnata dal piano Albertini (1934) e realizzata solamente a partire dagli anni Cinquanta, è un altro luogo della città in cui si manifesta, non senza contrasti, questa nuova città a ridosso del centro storico. Se da un lato si trovano qui alcuni dei più fortunati e discussi episodi dell'architettura italiana del Secondo Dopoguerra, come la Torre Velasca dei BBPR (1958) e gli isolati limitrofi progettati da Mario Asnago e Claudio Vender (terminati nel 1959 ma la cui realizzazione risale al 1939), l'abbattimento della chiesa di San Giovanni in Conca e le vibranti proteste che ne seguono (si vedano le battaglie giornalistiche condotte da Antonio Cederna), pongono più che altrove alla ribalta il problema della crescita speculativa della città. Poco distante, il volume ruotato a sbalzo sulla strada dell'edificio per abitazioni e uffici di Luigi Moretti in corso Italia (1949-1955), offre un altro scenario ancora, drammatizzando le possibilità plastiche del tema progettuale.
Un vero e proprio spaccato della moderna città costruita e ricostruita su se stessa, si trova poi in via Marchiondi dove, accanto a frammenti dei preesistenti settecenteschi giardini d'Arcadia, convivono la casa della Meridiana di Giuseppe de Finetti (1925) e il condominio progettato da Ignazio Gardella, Roberto Menghi e Anna Castelli Ferrieri (1955).
La continuità con questi temi e l'evoluzione degli stessi si vede poi in altre aree in cui si affrontano nuovi linguaggi favoriti dalle tecnologie del curtain wall e delle costruzioni metalliche, come in viale Europa (edificio per uffici di Vico Magistretti, 1957) e piazza Meda (sede della Chase Manhattan Bank dei BBPR, 1969).
Una generazione di architetti affronta questi temi progettuali declinandoli in numerose variazioni: ricerca personale, capacità professionali e sensibilità nei confronti di contributi provenienti da diverse fonti d'ispirazione.
Nel caso di Giò Ponti, ad esempio, si vede la volontà di perseguire anche in questi temi la ricerca sugli elementi di un linguaggio personale, affidata al potenziale espressivo del rivestimento delle superfici. Sempre in tema di trattamenti di facciata, altri, come Ignazio Gardella e Caccia Dominioni (si vedano gli edifici sopra citati), valorizzano invece materiali domestici, come il clinker e giocano sugli elementi che maggiormente comunicano un'idea di casa: le coperture, i balconi, le logge, selezionando gli affacci con il movimento dei piani di facciata, "scompaginandone" le simmetrie con le bucature delle finestre. Altri, traggono profonda ispirazione dal mondo delle arti, come Carlo Perogalli con Attilio Mariani (condominio in via Beatrice d'Este 1957), che partono esplicitamente da regole provenienti dall'arte concreta; un chiaro riferimento all'astrattismo e all'informale è

presente nei lavori di Luigi Moretti (si aggiungono a quanto detto in precedenza, le case Albergo di via Bassini, Lazzaretto e di via Corridoni, 1950, quest'ultima inclusa tra gli statici scenari del film *La notte* di Michelangelo Antonioni); altri come Asnago e Vender (oltre ai già citati menzioniamo il condominio in via Lanzone, 1953) disegnano le facciate secondo principi astratti riconducibili alle arti grafiche, in cui la saturazione attraverso i vuoti e le calibrate irregolarità, conferiscono un'atmosfera estraniante.
In questo quadro, Maria Vittoria Capitanucci racconta le relazioni internazionali che intercorrono tra alcune di queste opere e i loro protagonisti e un più ampio contesto culturale del Seconda Dopoguerra.
Orsina Simona Pierini, anche in questo caso uscendo dalla sola descrizione del caso particolare, utilizza l'importante esperienza milanese per ripensare alcuni aspetti "universali", sovrastorici della composizione architettonica, in particolare riguardanti il lavoro sulla facciata: il rapporto che il "prospetto" istaura con l'intero progetto, con il volume e la pianta e poi, per estensione, con la città. Ancora, il valore autonomo della facciata, le relazioni interne al processo progettuale, subordinate o contemporanee, che interessano la composizione della pianta e dell'interno e la sua immagine esterna e, da ultimo, il raggiungimento della dimensione materiale del costruito, uscendo dall'astrattezza del disegno.

Conversazione con Maria Vittoria Capitanucci.
Milano ha una storica vocazione internazionale: dalla costruzione della "moderna" fabbrica del Duomo, alle realizzazioni delle utopiche visioni di Filarete, che milanese non era; dal lavoro di Leonardo allo spirito classicista del rinascimento bramantesco; e ancora, dal neoclassicismo nord-europeo che ridisegna gli edifici più rappresentativi al gusto francese della grande trasformazione urbana attorno al Castello Sforzesco. Da ultimo, il XX secolo si aprirà con un Liberty che guarda agli inconciliabili linguaggi dell'Art Nouveau francese e della Secessione viennese e così procederà alle soglie del nuovo millennio con i contatti sempre più forti con il resto d'Europa e del mondo tra grandi Esposizioni e nuove realtà culturali.

A questo proposito, la Triennale gioca un ruolo fondamentale e diventa uno dei principali luoghi di questa diffusione attraverso la presenza in particolare di alcuni protagonisti.
Già ai suoi esordi, nel 1933, La Triennale raccoglie stuoli di protagonisti delle arti decorative, visive e dell'architettura da tutta Europa. Il passaggio da lì di personaggi come A.P. Berlage o A. Perret, poi del primo razionalismo di W. Gropius, di Le Corbusier e delle proposte wrightiane, renderanno gli architetti milanesi pronti ad una personale declinazione delle suggestioni europee, e non solo, anche in pieno regime fascista. Così, poi, quando nel dopoguerra l'apertura al resto mondo si farà più evidente e necessaria, così come la messa in scena di una ripresa economica e politica, guardare altrove sarà una prerogativa di molti.
Nel 1933 alla *Réunion Internationale d'Architectes* dedicata al tema delle Scuole di Architettura, qui, oltre alle più importanti voci del tempo, farà il proprio debutto un giovanissimo E. N. Rogers, la R dei BBPR, il gruppo di architetti che forse esprimerà, più di altri, una forte aspirazione all'internazionalità. Rileggerne in questo senso l'opera come prodotto di una sensibile e costante relazione con l'*intelligentia* internazionale, rappresenta un atto dovuto.
Le ascendenze familiari, il ruolo fondamentale nei CIAM, la curiosità culturale e la

capacità di attrarre i più interessanti 'viaggiatori' nel loro studio di via dei Chiostri, rappresenteranno aspetti importanti di scambio e di apertura. "Casabella-Continuità", la rivista diretta da Rogers dal 1954-64, è bilingue fin quasi dai suoi esordi. Rogers, del resto, fu una figura chiave anche sul piano dei rapporti con le più giovani e critiche generazioni di architetti (Team X) e fondamentale, sarà ancora, la relazione dei BBPR con l'ambiente newyorkese che ruotava attorno alla Rizzoli e al Moma (si veda la sede sulla Fifth Avenue, realizzata con Costantino Nivola, il poetico *"Labirinto dei ragazzi"* alla X Triennale del 1954 e lo stesso Padiglione USA all'interno del parco Sempione realizzato nell'edizione precedente per la IX Triennale del 1951).

Come si concretizza tutto questo nel progetto?
A partire dalla passione per le strutture metalliche espressa già nella colonia elioterapica di Legnano, con il 'doppio' fronte a montanti in ferro che esprime certamente una suggestione più 'miesiana' rispetto alle scelte del tempo, il percorso del gruppo milanese, in bilico tra studi filosofici e sperimentazione tecnico-costruttiva aggiunge un aspetto ideologico e politico, rivolto anche ad una "democratizzazione" dell'industria edilizia e dell'architettura. In questo senso si pone anche l'impegno del gruppo, che non a caso aveva scelto una sigla per avere un certo anonimato, sul tema della prefabbricazione che si faceva tramite ed elemento di connessione tra occasioni progettuali apparentemente distanti tra loro come quello rivolto all'edilizia sociale, solo apparentemente contrapposto a quello indirizzato al lusso delle residenze altoborghesi come nel complesso bellissimo di via dei Chiostri, dove verde, pannelli prefabbricati di cemento, inferriate metalliche e coperture a falda in rame (quelle sì tradizionali) si compongono in una eleganza senza tempo.

Quali altri protagonisti e riferimenti?
I "baroni rampanti" protagonisti di quel momento milanese, e con loro un lungo elenco di 'professionisti colti' non sono stati tutti in "bilico tra modernità e tradizione (ma quale poi: lombarda? romanica? barocca?)" come spesso si ama dire a proposito dei loro lavori, o meglio, forse lo sono stati, ciascuno cercando però un proprio riferimento.
Si trattò dunque di uno sguardo a modelli molto distanti tra loro che non appartenevano necessariamente alla tradizione milanese. Quello che caratterizza la ricerca di L. Caccia Dominioni (la cui vicinanza alla cultura dei Grigioni spesso viene confusa con una sua passione per il romanico lombardo) o I. Gardella (che mai abbandona il segno razionalista assieme al dettaglio e ai materiali del palazzo rinascimentale genovese) differisce dagli elementi nord europei, in particolare scandinavi, che ritroviamo in alcuni lavori di V. Magistretti (gli atri algidamente mossi e vetrati della Torre al Parco o di corso Europa) o di V. e G. Latis (la pensilina del condominio di piazza della Repubblica e le boiserie di legno degli atri di via Turati o via Lanzone). L'esperienza postbellica anglosassone si rivela più evidente in alcuni progetti dei BBPR, torre Velasca in primis, e ancora dello stesso Magistretti nelle torri 'brutaliste' di piazzale Aquileia e nel rosso edificio in piazza San Marco dove realizza un coraggioso fuoriscala degno della migliore ricerca "radical" di quegli anni Sessanta pieni.
Che dire poi, sulla scia della migliore ricerca internazionale, dei lavori sulla prefabbricazione condotti da un gruppo eterogeneo di progettisti – da M. Zanuso a E. Gentili Tedeschi, da G. Tevarotto ad A. Rosselli – nell'ambito dell'edilizia produttiva ma anche residenziale (i sistemi FEAL, affrontati perfino da Giò Ponti) a cui si aggiunge il fulgido duo A. Mangarotti e B. Morassutti (quest'ultimo passato anche alla corte di F. L. Wright) con i sistemi di pannelli prefabbricati per la realizzazione dei loro magnifici

edifici residenziali di via Quadronno e via Gavirate agli inizi degli anni Sessanta? Anche l'astrazione del linguaggio di C. Asnago e M. Vender ci porta ai loro esordi all'esperienza francese di A. Perret o R. Mallet-Stevens per poi trovare terreno più fertile nelle ricerche coeve di progettisti svizzeri e tedeschi con la loro raffinata produzione dell'intero isolato in via Albricci o del condominio XXI aprile icona di quella 'non milanesità' anni Cinquanta che paradossalmente ne è divenuto uno degli elementi distintivi.
Non parliamo poi del gesto di rottura rappresentato dall'iconico edificio del complesso ex-Palmolive di Luigi Moretti (1954) in corso Italia, dove l'universo della plasticità michelangiolesca sposa una ricerca espressiva che passando dalle sperimentazioni per l'E42 porterà il maestro al romano condominio del Girasole e da lì al Watergate (con P. L. Nervi) di Washinghton.
E il cerchio si chiude.

Quali altri canali di diffusione?
Inutile sottolineare l'attenzione pubblicistica che queste opere ebbero alla loro epoca, spesso pubblicate anche sulle riviste internazionali soprattutto europee come "L'Architecture d'aujourdhui", "Architectural Review" o "Architectural Record". Si appassioneranno della condizione italiana, scrivendone in termini di internazionalità del linguaggio mitigata da una eredità intensa e ripresa con colta modernità, personaggi della levatura di G. E. Kidder Smith con il suo *Italy Builds - Italia Costruisce* pubblicato nel 1959 dalle edizioni Comunità del grande Olivetti, personaggio le cui visioni andarono ben oltre i confini della sua Ivrea.
Anche la statunitense Esther McCoy, nota soprattutto per il suo lavoro sul Modernismo californiano e i suoi protagonisti, scriverà estensivamente dell'architettura italiana, prima sulle pagine del "Los Angeles Times Home Magazine" e su altre importanti testate americane a seguito di una serie di viaggi condotti tra gli anni '50 e '60, e curerà una mostra e un importante catalogo intitolato: *10 Italian Architects* al *Los Angeles County Museum of Art* (15 febbraio-2 aprile 1967). In esso venivano presentati i lavori di C. Scarpa, V. Viganò, G. Valle, A. Mangiarotti, A. Rosselli, G. De Carlo, L. Ricci, L. Fiori, F. Albini, F. Helg e, non certo ultimi, i BBPR, l'immagine della cui torre Velasca inserita nel contesto storico dello skyline milanese fu scelta come copertina del volume e manifesto della mostra. Un'immagine icona della città di oggi. Forse lo sguardo distaccato di un critico straniero aveva letto con precocità la potenzialità internazionale di quella strana milanesità.

Milano, 12 settembre 2016 e 20 febbraio 2017

Conversazione con Orsina Simona Pierini.
Il primo aspetto di cui mi interesserebbe discutere riguarda il rapporto che la "facciata", o il "prospetto", istaura con l'intero progetto, individuando, in maniera semplificata, due possibili relazioni: una direttamente correlata al volume, alla pianta, alla tipologia; l'altra, autonoma, indipendente.
Quando penso alla facciata, la prima cosa che letteralmente vedo è una sezione, che individua e sottolinea quella linea che contiene il corpo dell'edificio e nello stesso tempo si staglia sul contesto; oggi questa linea è anche diventata uno spessore, una misura ampia, che contiene elementi tecnici o spazi di vita. C'è infatti una notevole differenza tra i prospetti degli edifici pubblici e le facciate degli edifici residenziali collettivi. Nell'edificio

pubblico attuale, spesso unico e isolato, il gioco volumetrico rende meno evidente il ruolo di un fronte principale, se non per scelta dell'architetto, che qui può rappresentare le questioni che un'architettura con la sua presenza in un determinato luogo evoca.
Penso al Gobierno Civil di Tarragona di Alejandro de la Sota, dove la storia della città, il problema funzionale e il rapporto con le arti, si sono sintetizzate in una materia scavata, un volume in equilibrio e compatto allo stesso tempo. Si tratta di un edificio "scomodo" per molti aspetti, non solo quelli più evidentemente politici: una funzione ibrida, uffici del governatore in basso e residenze ai piani superiori, così come un contesto straniante portano l'architetto a nascondere le differenze tipologiche e a lavorare sulla scelta del materiale, lastre di pietra locale, che gli permette di realizzare prospetti laterali "disegnati" sui lati, da contrapporre alla profondità del gioco delle logge in facciata.
Nel municipio di Murcia di Moneo la facciata diventa invece un corpo autonomo, che sembra staccarsi dall'intero dell'edificio anche grazie alla sua profondità, che si offre come un loggiato aperto sulla piazza della Cattedrale. In questo caso il progettista intraprende un raffinato gioco di disegno della figura, che incrocia sistema murario e sistema trilitico, lavorando con strumenti contemporanei su elementi altrimenti classici.

Cercherei di declinare solo alcuni aspetti di quello che mi sembra uno dei temi più complessi che possano emergere da questo ragionamento, vale a dire il rapporto della facciata con la città e il suo ruolo di interfaccia tra l'architettura e una dimensione costruita più vasta.
La città è fatta in gran parte dal tessuto residenziale e la facciata della casa urbana ha un ruolo fondamentale nel definirne l'immagine: storicamente la serie delle case a schiera o la ripetizione degli isolati erano sostanzialmente fondati sul decoro comune di facciate regolari, ma varie.
La città contemporanea recupera alcuni tratti dell'architettura della casa urbana tradizionale e li coniuga con alcune conquiste del Moderno: le opere più recenti, come i nuovi complessi in Francia o in Olanda, lavorano con la consapevolezza delle possibili variazioni ottenute dal confronto tra scale diverse, dal mettere in evidenza, in facciata, la mixité interna o dal tema dell'altezza conforme nel recupero dell'affaccio sulla strada. Studiando l'architettura residenziale contemporanea si individuano in realtà alcuni temi compositivi che trovano le loro radici in una modernità consapevole e moderata che il caso della Milano moderna ben rappresenta. A partire dalla Cà Bruta di Muzio, fino alla fine degli anni Sessanta è possibile tracciare le diverse ricerche che sono state intraprese, non tanto per una immagine unitaria della città moderna, bensì sulle molte figure che la composizione della ricerca sull'alloggio e del suo affaccio urbano suggerivano. Il Novecento, con l'astrazione della facciata che si faceva piano da disegnare e le prime scomposizioni dei volumi di Terragni del periodo tra le due guerre, hanno infatti aperto il campo ad una ricerca che trova compimento negli anni Cinquanta e Sessanta, con lo svuotamento dei fronti, con il ruolo attribuito alla trasparenza, con la libertà compositiva degli assi e il peso di pieni e vuoti.

Continuando sulla linea precedentemente tracciata, un tentativo interessante può essere quello di individuare a che punto dello sviluppo del processo ideativo/progettuale giunge la composizione del prospetto e come si rapporta alla sua dimensione materiale?
Nel contesto milanese la ricerca tipologica trovava nelle facciate il suo compimento: c'è una forte integrazione tra lo studio degli alloggi e il loro affaccio urbano.
Nei casi migliori è proprio la ricerca sui temi dell'abitare a fornire i temi che il fronte racconta: basti pensare all'eredità loosiana dei volumi scavati della Meridiana di De

Finetti o, in maniera molto diversa, ai giochi volumetrici che Magistretti realizza con i balconi dei suoi appartamenti.

In altri casi la facciata è una superficie astratta in cui comporre pieni e vuoti con sensibilità artistica: sono noti i "quadri" di Asnago Vender, tra i quali mi soffermerei sul fronte posteriore della casa in via Lanzone, in cui il gioco compositivo astratto si fa materiale nello scavo delle logge, in un raffinato equilibrio tra trilitico e murario. Anche Luigi Caccia Dominioni in via Nievo sceglie la figura di un grande blocco compatto scavato orizzontalmente dalle spazialità diverse di alloggi tutti unici: la ricerca della casa personalizzata diventa in quegli anni occasione di una interessantissima ricerca formale sui caratteri di unitarietà e compattezza nella complessità.

Figure concluse e sintetiche si contrappongono a fronti più frammentati e analitici: ci sono alcuni strumenti compositivi che vengono sperimentati, tra cui il tema della loggia, che fa scorrere e muovere gli appartamenti sul registro del marcapiano e che trova nei molti esempi di Gardella, Caccia Dominioni, fino a Mangiarotti e Morassutti, declinazioni anche molto diverse nella loro materialità.

In questi casi la ricerca sul dettaglio e sugli aspetti costruttivi è sostanziale, basti pensare alla ricchezza delle soluzioni di disegno del marcapiano. Gardella utilizza il canale di gronda per realizzare con un'ombra quella raffinata modanatura che alleggerisce la misura massiccia del solaio, mentre la facciata di via Vigoni impostata da Caccia sui lunghi balconi a sbalzo, articola questo tema in maniera più complessa, con gli aggetti in tensione tra vita interna e affaccio, e con il movimento delle sottili solette a sbalzo che si intreccia con le superfici verticali di diverse materialità, riflettanze e colori.

In ultimo, vorrei spiegare perché ci siamo trovati per l'intervista davanti alla casa che, con il suo imponente fronte risolve l'intera piazza Mirabello a Milano. Lunghe ante in legno sembrano scorrere su una ampia cornice marcapiano, che ad uno studio attento della sezione risulta essere anche un parapetto basso offerto all'alloggio interno. Il risultato è un volume deciso, con un disegno di facciata che lavora sui tratti dell'orizzontalità del moderno, sull'apparente variazione ai piani, sulla grande ombra del cornicione del tetto, chiudendo la figura con l'eccezionalità dello svuotamento degli angoli. Si tratta di un progetto del 1968 di Jan Battistoni, architetto di origine norvegese, come l'uso del legno ci ricorda, che ho scelto per rappresentare una tradizione di lavoro sulla facciata che a Milano fino agli anni Sessanta non era solo l'eccezionalità di noti maestri, bensì una professione che faceva della cura del dettaglio e degli aspetti costruttivi, come un'ombra di una modanatura, un valore per l'intero fronte urbano.

Milano, 23 settembre 2016

The models published in the sections "Milan. A Laboratory" and "Contemporary Atlas" were created by:
- Margherita Memè, Giovanni Morelli, Wladim Morigi, Camilla Pietroni, Ruggiero Scommegna, Giovanna Turchi, Ilaria Franchini, Silvia Toderi, and Alba Paulì (students of the Bachelor's Degree in Architecture of Cesena coordinated by Davide Giaffreda and Marika Mangano);
- Rosalba Balla, Caterina Gottardi, Wei Liu, Irene Merighi, Federica Nordi, Alessia Rossi, Antonio Salerno, Nichole Steghi, Giulia Taddia, Arianna Travagli, Federica Vallicelli, Sofia Zoni (students of the Dosso Dossi Artistic High School of Ferrara coordinated by Laura Sangiorgi)

The models were displayed as part of the exhibition *Facies* at the Urban Center of Bologna from 6th April to 13th May 2017 (exhibition curated by Francesco Gulinello and Elena Mucelli, produced by the Department of Architecture – Alma Mater Studiorum – University of Bologna).

The images published on p. 60, 66 and 67 were extracted from the video Urban Transitions projected during the exhibition (created and filmed by Stefania Rössl and Massimo Sordi, edited by Raffaella Sacchetti). The texts were taken from Gio Ponti, *Cose Ovvie*, in Gio Ponti, *Amate l'architettura, L'architettura è un cristallo*, Società editrice Vitali e Ghianda, Genoa 1957.

Published by
LISt Lab
info@listlab.eu
listlab.eu

Production
GreenTrenDesign Factory
Piazza Manifattura, 1
38068 Rovereto (TN) - Italy
T: +39 0464 443427
info@greentrendesign.it

Author
Francesco Gulinello

Editorial director
Pino Scaglione

Editorial Assistant
Gioia Marana

Translations
Johanna Worton

Art Director & Graphic Design
Blacklist Creative Studio, Barcelona
blacklist-creative.com

ISBN 9788899854287
Printed and bound in the European Union
2017

All rights reserved
© of the edition LISt Lab
© of the texts the authors
© of the images the authors

Promotion and distribution
Messaggerie Libri, Spa, Milano,
Numero verde 800.804.900
assistenza.ordini@meli.it

International promotion and distribution
ACC - London

The Scientific Committee of the issues List
Eve Blau (Harvard GSD), Maurizio Carta (University of Palermo), Eva Castro (Architectural Association London) Alberto Clementi (University of Chieti), Alberto Cecchetto (University of Venezia), Stefano De Martino (University of Innsbruck), Corrado Diamantini (University of Trento), Antonio De Rossi (University of Torino), Franco Farinelli (University of Bologna), Carlo Gasparrini (University of Napoli), Manuel Gausa (University of Genova), Giovanni Maciocco (University of Sassari/Alghero), Antonio Paris (University of Roma), Mosè Ricci (University of Trento), Roger Riewe (University of Graz), Pino Scaglione (University of Trento).

LISt Lab is an editorial workshop, based in Europe, that works on contemporary issues. LISt Lab not only publishes, but also researches, proposes, promotes, produces, creates networks.

LISt Lab is a green company committed to respect the environment. Paper, ink, glues and all processings come from short supply chains and aim at limiting pollution. The print run of books and magazines is based on consumption patterns, thus preventing waste of paper and surpluses. LISt Lab aims at the responsibility of the authors and markets, towards the knowledge of a new publishing culture based on resource management.

Book Series BABEL RESEARCH